사고의 프런티어 3
권력

KENRYOKU

by Atsushi Sugita

@ 2000 by Atsushi Sugita

First published 2000 by Iwanami Shoten, Publishers, Tokyo.

This Korean language edition published 2015

by Purunyoksa, Seoul

by arrangement with the proprietor c/o Iwanami Shoten, Publishers, Tokyo.

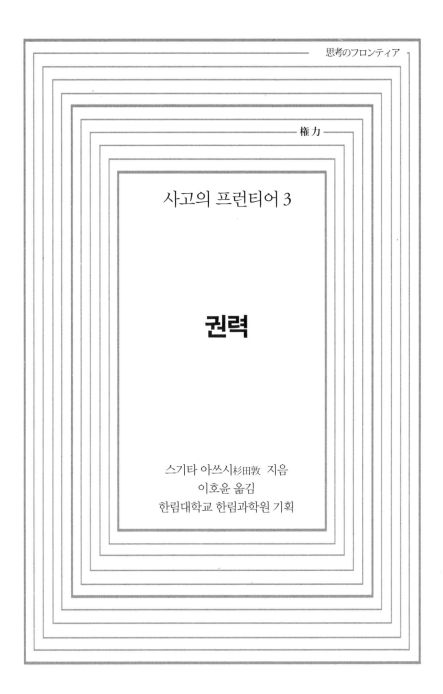

思考のフロンティア

權力

사고의 프런티어 3

권력

스기타 아쓰시杉田敦 지음
이호윤 옮김
한림대학교 한림과학원 기획

푸른역사

일러두기

1. 이 책은 이와나미쇼텐岩波書店 출판사의 〈사고의 프런티어思考のフロンティア〉 시리즈 중 스기타 아쓰시杉田敦가 쓴 《권력権力》(岩波書店, 2000)을 옮긴 것이다.
2. 이 책은 2007년 정부(교육과학기술부)의 재원으로 한국연구재단의 지원을 받아 간행되었다 (KRF-2007-361-AM0001).
3. 한림과학원은 본 시리즈를 통해 개념소통 관련 주요 저서를 번역 소개하고자 한다.

머리말

　권력을 말하는 것은 어딘가 수상쩍은 느낌이 든다. '권력자', '권력욕', '권력의 망자'라는 단어에는 권력을 휘두르는 사람은 일부일 뿐이며, 권력을 추구하는 것은 악취미라는 인상이 붙어 있기 마련이다. 일상생활을 영위하는 성실한 사람들에게 권력은 엄습해오는 재해와 같이 번거롭고 폭력적인 것에 지나지 않으며 권력이 없어진다면 얼마나 살기 좋은 세상이 될까라고 생각하기도 한다.

　그런데 한편으로는 불가사의하게도 국민이 주권자임을 의심하는 사람도 지금 거의 없다. 국민이 주권자라는 것은 우리가 모두 최고 권력자임을 의미하는 것이다. 이것은 도대체 무슨 의미일까? 가장 권력으로부터 멀리 떨어져 있는 우리가 권력자라고 할 수 있는 것일까?

　이 점에서 권력에 대해 생각할 때 나타나는 몇 가지 대립축이 이미 보이고 있다. 권력은 정점에 있는가 저변에 있는가, 권력은 기피해야 하는가 존중되어야 하는가, 권력은 폭력적인가 아니면 폭력과는 구분되는 것인가 등이다.

이 책은 이러한 대립축 중 어떤 것은 본질적인 것이며 나머지는 파생적인 것에 지나지 않는다라든지, 대립하는 의견 가운데서 어떤 것은 옳고 다른 것들은 틀렸다는 단정을 피하는 것에서부터 출발한다. 권력의 일의적一義的인 정의를 서둘러 제시하기보다 권력의 다의성ambivalence을 받아들이는 편이 권력과의 관계 설정을 생각할 때 필요하다고 생각하기 때문이다. 권력이라는 말은 왜 그렇게 혼란스러운 모습으로 이용되어야 하는가? 이 점에 대해 다양한 각도로 생각해보자.

Contents

머리말 5

01 권력은 어떻게 이야기되어왔는가 9

02 권력을 어떻게 바꿀 것인가 35

권력은 위로부터 오는 것인가 아래로부터 오는 것인가 36
권력과 폭력 60
만드는 권력과 만들어진 권력 76
권력과 자유 98

03 기본문헌 안내 123

저자 후기 129

옮긴이 후기 131
찾아보기 135

01

권력은 어떻게 이야기되어왔는가

권력에 대해 생각할 때 가장 먼저 떠오르는 관념, 즉 가장 직관적인 설명은 주체 간 관계로서의 권력이다. 권력자인 누군가가 다른 누군가에게 권력을 휘두르고 있다는 관념. 도대체 이것은 어떠한 관념인가. 어디에 문제가 있는 것인가. 그리고, 그럼에도 불구하고, 왜 그것은 뿌리 깊은 것인가를 생각해보고자 한다.

세 가지 권력관

우선 스티븐 루크스Steven Lukes가 간략하게 정리한《현대권력론 비판現代權力論批判》을 단서로 그가 말한 세 가지 권력관에 대해 순차적으로 조망해보자. 20세기 후반의 가장 전형적인 권력 개념은 1950년대에 로버트 A. 달Robert A. Dahl이 제시한 'A가 B로 하여금 B가 원하지 않는 어떤 일을 하게 할 때, A는 B에 대해 권력을 가진다'는 것이다(루크스의 이른바 '일차원적'인 권력관).

이 이론에는 명확한 의도를 가지는 A와 B라는 두 주체가 전제되어 있다. A든 B든 각자의 '이해관심'에 비추어 어떤 한 선택을 다른 선택보다 선호하고 그것을 실현시키려 하는 '의도'를 확실히 가지고 있다. 즉 A와 B 사이에는 '쟁점'이 있어서 이것이 명확한 분쟁을 낳는다. 그리고 A가 B를 제압해서 자신의 의도를 관철시킬 수 있을 때, A는 권력을 발휘한 것이 된다. 이러한 생각은 관찰 가능한 행동 수준에서 정치를 논하고자 하는 정치학에서의 '행동주의behavioralism'에 대응한 것이었다. 즉 정치학을 다른 인접 사회과학과 동등한 '과학'으로 만들기 위해 객관적인 자료에 기초한 검증 가능한 논의를 하려고 한 동향이 배경이다. 실제 로버트 달의 개념에 입각해서 그 후 정치학계는 누가 권력을 쥐고 있는가(A는 누구인가)를 둘러싼 연구가 축적되었다.

이 논의에 곧바로 마르크스주의의 영향을 받은 사람들이 비판을 가했고 달의 이론을 따르는 사람들(달파)과 논쟁을 벌였다. 이 논쟁은 권력관을 둘러싼 대립이라기보다 사실 인식을 둘러싼 싸움, 특히 미합중국의 권력을 어떻게 파악할 것인가를 둘러싼 논쟁이었다. 달파는 미국의 경우 문제 영역마다 A가 복수로 존재한다고 주장했고, 그 때문에 '다원주의자'라고 불리게 되었다. 한편 마르크스주의 정치학자들은 A가 복수로 존재하는 것처럼 보여도 사실은 연결되어 있으며, 결국은 특정집단 A가 다른 사람들 B에게 일방적으로 권력을 행사하는 단일 지배관계로 귀착될 수 있다고 주장했다. 이러한 마르크스주의 정치학자들도 권력을 A와 B 주체 간의 관계로 파악하는 점에서는 같으며, 그 관계가 최종적으로 하나로 귀착된다는 점에서 그들이 오히려 종래의 틀에 충실했다고도 할 수 있다.

그런데 그 후 동일하게 마르크스주의의 영향을 받은 바크라크 Peter Bachrach와 바라츠Morton S. Baratz에 의해 보다 근본적인 비판이 이루어지게 된다(루크스의 이른바 '이차원적'인 권력관). 루크스가 정리한 바에 의하면, 바크라크와 바라츠의 논점은

> 다원주의자의 권력관은 "발의, 결정, 거부권 행사 등의 중요성을 지나치게 강조하여" 결국 "권력을 상당히 '안전한' 쟁점에만 결정작성決定作成 범위를 제한시켜 사용하는 경우가 있으며 또한 실제 '그런 권력이' 자주 사용된다는 사실을 전혀 설명하지 않고 있다"(Steven Lukes, 中島吉弘 訳, 《現代権力論批判》, 未来社, 1995, 27쪽).

라는 지적에 있다. 즉 바크라크 등은 달이 말하는 권력 이외에, 문제로 드러나는 것 자체가 A에게 불리한 쟁점을 A가 사전에 분쇄해버리는 권력(결정회피권력) 또한 존재하는 것이 아닌가라고 지적했다. 달 등은 A와 B 양자가 확실하게 자신의 의도를 나타내면 A가 B의 의도를 부숴버린다는 중인환시衆人環視의 권력 무대를 가정했다. 그러나 그런 행위는 오히려 치졸한 방법이 아닐까. 정말로 유력하고 노회한 A라면 쟁점이 전면에 드러나기 전에 그것을

분쇄할 것이기 때문이다. 이는 관찰 가능한 사안만을 정치 현상으로 한정하는 행동주의적 사고에 대한 비판이며, 모든 비대칭성은 분쟁으로 나타나리라는 소박한 생각에 대해 보다 미묘한 권력존재방식에 주의를 환기시키는 것이라고 할 수 있다. 그렇지만 그것은 일차원적 권력관과 통하는 부분 또한 크다. 무엇보다도 명확한 의도를 가진 A, B 양자가 여전히 존재한다고 여겨지기 때문이다. 루크스는 이 점을 파고들어 이른바 삼차원의 존재를 지적하게 되었다. 그것은 B가 A에게 불리한 생각을 하지 않도록 A가 B를 세뇌시켜버리는 권력이다. 이차원적 권력에서는 여전히 의도의 대립이 있으며 분쟁은 잠재적으로는 존재한다. 그저 그것이 나타나지 않았을 뿐이다. 그런데 루크스가 주목하는 점은 분쟁 그 자체를 소실시켜버리는 권력이다. A의 의도로부터 독립한 B의 의도가 소멸됨으로써 A와 B 사이에는 처음부터 대립이 사라져버린다. 만약 이러한 권력이 가능하다면 상당히 효과적인 것이 될 것이다.

실제로 누군가에게 부여하고 싶은 욕망을 부여하는 것, 즉 그 사고나 욕망의 제어를 통해 복종하게 하는 것, 그것이야말로 최고의 권력 행사라고 할 수 있을 것이다(Steven Lukes, 《現代權力論批判》, 37쪽).

이러한 루크스의 논의는 주체 간 관계로서의 권력관에서 출발하지만, 그러한 틀에서 벗어난 요소를 포함하고 있다. 왜냐하면 거기에는 양자 관계 중 한쪽 주체인 주체 B의 지위에 중대한 결손이 생기기 때문이다. B가 이제는 그전까지의 권력관에서 전제되어 있던 확실한 의도를 가진 존재가 아니게 된 것이다. 인간은 늘 명확한 의도를 가지지는 않으며 그렇지 않은 형태로 살아가는 경우도 있다는 통찰이 여기에 있다. 그러나 이러한 권력관이 권력의 주체라는 것을 완전히 배제한 논의라고 말한다면 그렇지도 않다. 권력을 행사하는 A의 존재 방식은 전혀 흔들림이 없다. 오히려 권력 행사를 받는 B측의 의도가 약해짐에 따라 반비례하는 형태로 권력을 사용하는 주체이며, 따라서 권력의 귀결에 책임을 져야 하는 A의 존재는 더욱더 확고해진다.

애초 루크스의 삼차원적 권력이라는 논의는 그다지 특이한 것이 아니다. 마르크스주의의 허위의식론의 계보를 잇는 것이었다. 앞에서도 언급한 것처럼 마르크스주의는 계급 간의 지배관계를 생각하는 점에서 양자 간 관계론의 일종이다. 다만 달 등은 균질 공간(구조적인 부하가 없는 공간) 속에 다양한 주체가 존재한다(그러한 주체가 어떻게 탄생했는가에 대해서는 설명하지 않은 채)는 식으로 주체 사이에 작용하는 권력을 논하는 것에 비해, 마르크스주의자들은 계급 지배라는 구조적인 것이 존재한다고 생각한다. 권력관계는 아무리 개별적으로 보여도 궁극적으로는 특정 집단에 의한 지배로 환원될 수 있기 때문에 모두가 구조적으로 규정되어 있다는 것이다.

따라서 소박한 마르크스주의에 의하면 본래 각각의 계급에 속하는 사람들은 각각의 계급의식을 가져야 마땅하다. 그런데 실제로는 반드시 그렇지는 않다. 특히 혁명의 담당자가 되어야 하는 노동자가 지배받고 있다는 의식을 가지지 않은 경우도 많다. 이러한 사정을 설명하기 위해 지배계급이 자신들에게 유리한 의식을 노동자 계급에 주입하고 있다는 발상이 나온다. 허위의식으로서의 이데올로기 비판이다. 결국 마르크스주의 내부에서도 이러한 이데올로기 비판을 역전시켜서 이데올로기의 주도권을 노동자 측이 쟁취하여 혁명으로 연결시키려 하는 생각도 생겨나지만(후술), 이러한 계보에 비하면 루크스의 경우는 오히려 고전적인 허위의식론에 가깝다고 할 수 있다.

주권과 주체

위에서 검토한 것처럼 권력이 어떤 특정 주체가 행사하는 것이라는 생각은 현대에도 매우 뿌리 깊다. 이러한 생각의 연원을 찾는다면 근대 유럽에서의 주권론 성립을 피해갈 수 없을 것이다. 즉 모든 권력의 원천으로 주권이라는 특권을 상정한다. 다양한 수준에서 결정을 내리지만, 그러한 결정을 모두 뒤집어도 최종적인 결정을 내릴 수 있는 것이 주권이다. 이른바 절대주의라는 것은 그 이전에 존재한 다양한 권력주체가 무너지고 어떤 한명의 주체(국왕)에게 권력이 집중됐다고 여겨질 때 성립한다. 주권론은 이러한 상황 속에서 장 보댕Jean Bodan 등에 의해 확립되었다. 보댕은 당시 다원적 질서의 중요함을 간과하지 않은 복안적인 사상가였음에도 불구하고 그가 정리한 주권 개념은 그를 떠나 홀로서기를 하고 말았다. 영역 내의 모든 사항에 대해 최종적인 결정 권력을 쥐고 있는 주권자로서의 왕의 권위는 신에게서 유래한다는 왕권신수설에 의해 유지되었다. 이러한 발상은 오랫동안 유지되어 칼 슈미트Carl Schmitt가 《정치신학政治神学》에서 강조하듯 낭만주의 시대에 이르러서도 왕권의 절대성을 강조하는 논자는 신과 주권자의 유사성을 언급할 정도였다.

드 메스트르Joseph Marie de Maistre는 특히 주권에 대해서 자주 논했다. 주권은 그에게는 본질적으로 결정을 의미한다. 국가의 가치는 결정을 내리는 데 있으며 교회의 가치는 궁극적으로 항변 불가능한 결정에 존재한다. 드 메스트르에게 무류성無謬性은 항변 불가능한 결정의 본질이며, 교회적 질서의 무과실성은 국가적 질서에서의 주권과 같은 본질을 가진다. 무과실성과 주권이라는 두 단어는 '완전한 동의어' (教皇論 第1章)이다(Carl Schmitt, 田中浩原田武雄 訳, 《政治神学》, 未来社, 1971, 71쪽).

주권론이 신학에 의해 촉발되어 전개된 것을 생각하면 특별한 권력주체를 상정하는 논의는 궁극적으로는 잃어버린 새 개념을 계승한다고 할 수 있을지도 모른다. 만물에 대한 명령자인 신 관념에 입각해서 신의 대리인인 교황을 중심으로 하는 교회질서가 성립했지만, 그것을 모방하는 형태로 성립된 것이 세속에서의 정치질서였다.

　물론 주권론에 대항하는 움직임 또한 폭넓게 존재했다. 중세 유럽에서는 다양한 중간단체와 왕권 사이에 다툼이 있었지만, 중간적인 부분을 담당해온 귀족들의 입장에서는 이러한 다원주의를 확보하는 것이 자유의 내실이라고 여겨졌다. 주권의 일원화에 대항해서 권력주체를 다원화하는 논의는 18세기의 몽테스키외 Charles—Louis de Montesquieu로부터 19세기의 토크빌Alexis—Charles— Henri Clérel de Tocqueville, 나아가서는 20세기의 주브넬Bertrand de Jouvenel 같은 이론가에게 계승되었다. 이 논의는, 중심이 하나밖에 없는 상태를 전제專制라고 기피하는 한편, 권력중심의 복수성複數 性이 제도적으로 보장되는 것을 자유의 조건이라고 생각했다. 반면 이미 검토한 것처럼 20세기 후반의 로버트 달 같은 다원주의자들은, 복수複數의 중심이 반드시 제도화되어 있지는 않으며 가변적인 것이라고 생각하게 되었다. 즉 각각의 사회집단이나 개인은 어느 쪽이든 권력중심이 될 수 있는 잠재적인 가능성을 구비하고 있으며 권력은 끊임없이 새로운 주체로 이동한다고 했다. 이것과 비교하면 전통적인 자유주의자들은 중간단체가 독특한 특권을 가진 존재로서 제도화된 것을 중시한 점을 주목한다. 양자의 대립을 법학적인 권력 이해와 사회적인 권력 이해 사이의 대립이라고 불러도 좋을지도 모른다. 전통적인 자유주의자들이 제도를 고집하는 것은, 제도로서 보장되지 않는다면 일원화(전제화)를 막을 수 없다는 그들의 신념에 기인한다. 어디에 권력이 있는지 확실히 해놓지 않으면 권력을 제한하는 것도 불가능하다는 것이다. 이러한 자유주의적인 논의가 가지는 문제점에 대해서는 나중에 검토할 것이다.

그런데 왕권신수설을 이미 유지할 수 없을 정도로 세속화가 진행되자, 주권론은 이번에는 일종의 계약론과 결합해서 연명을 꾀한다. 홉스Thomas Hobbes의 논의에서 전형적으로 보이는 것처럼, 권력관계가 제도화되어 있지 않고 누가 명령하는지 정해져 있지 않은 상태인 자연상태는 매우 공포스러운 존재로 묘사된다. 그리고 본래는 평등했던 주체가 자신의 주체성을 스스로 방치하고 중심 A를 고정화시켜야 비로소 안심할 수 있는 상태가 탄생한다고 여겨지게 된다. 이렇게 성립한 주체는 문자 그대로 인공적인 신deus exmachina이다. 여기서 권력은 왕의 명령이며 그 이외의 무엇도 있을 수 없다.

잘 알려진 미셸 푸코Michel Paul Foucault는 프랑스혁명 이전에 널리 이루어졌던 공개처형을 언급함으로써 왕정 권력의 모습을 새로운 시각에서 묘사하고자 했다. 중범죄인을 광장에서 고문을 가하면서 처형하는 방법은 후세의 '계몽된' 사람들의 눈으로는 새디즘적 현상이나 야만적 풍습이라고 일축되곤 하지만, 푸코에 의하면 공개처형은 당시 권력 형태를 반영한 것이었다. 왕이라는 특정한 신체에서 나오는 언어가 곧바로 법이라고 한다면 법을 어긴 범죄자는 왕의 신체에 상처를 입힌 것이 된다. 따라서 손상된 법의 권위를 회복하기 위해서는 범죄자의 신체를 상해하고 그것을 파괴함으로써 반사적으로 왕의 신체를 회복시키는 방법밖에 없었다. 이러한 처형이 공개적으로 이루어진 것에도 이유가 있다. 왕은 퍼레이드 등으로 스스로를 과시하며 사람들의 시선을 모음으로써 권력을 행사하는 존재였으므로, 왕의 음화陰畵로서의 범죄자 또한 모든 사람이 지켜보는 가운데 파괴되어야 했다는 것이다.

　푸코 자신도 시사하고 있는 것처럼, 이러한 권력의 모습에 대해서는 두 가지 사항에 유의해야 한다. 첫째로 시선을 모으는 권력은 후술하는 규율권력과 비교하면 일반 사람들에게 그다지 직접적으로 행사되는 것은 아니었다. 왕을 바라보는 시늉만 하면 그 후로는 의외로 마음대로 할 수 있었다. 역사가들의 다양한 이론이 있지만 푸코의 견해에 의하면 왕권은 겉으로 보이는 화려함과는 달리 그렇게 가혹한 것은 아니었다. 사람들의 생활을 속속들이 규제하는 능력도 없었으며 큰 틀을 만들었을 뿐이라는 것이다. 둘째로 왕과 중범죄인이 양화陽畵와 음화陰畵의 관계에 있다는 것은 양자가 같은 형태라는 것이기도 하다. 중범죄인은 감히 법에 도전했다는 점에서 잠재적으로 혁명적인 존재라고 해야 한다. 이런 점은 특히 정치범을 들 수 있는데 그것만이 아니었다. 그는 허망하게 체포되어 처형당했지만 만약 그가 천하를 가진다면 왕으로서 그곳에 서 있었을지도 모른다는 것을 사람들은 자연스럽게 깨닫게 된다. 그렇게 되지 못한 것은 단지 그가 왕을 쓰러뜨리지 못했기 때문임에 불과하다. 왕권적 권력은 이렇게 권력이 사실상의 힘겨루기에 의존하고 있음을 누가 봐도 알 수 있게 하는 경향이 있으며, 그런 의미에서 원천적인 취약성을 띠고 있다.

프랑스혁명에서 왕의 목이 잘리자 마침내 권력은 신에게서 민중 수준으로 내려오게 된다. 인민주권 상태의 성립이다. 푸코는 《감시와 처벌》(田村俶 訳, 《監獄の誕生─監視と処罰》, 新潮社, 1977)에서 이 새로운 전개를 감옥의 성립 경위와 관련시켜 고찰한다. 감옥의 성립에 대해 통상적으로는 법학적인 설명이 이루어진다. 주권의 담당자 즉 입법에 관여하는 자로서 적절한 주체를 만들기 위해, 그러한 주체로서의 조건이 결여된 사람을 재교육하는 장이 만들어졌다는 설명이다. 그렇다면 주권자가 스스로를 주권자로 개조한다는 것은 어떠한 것일까. 신의 명령의 경우 아무리 비합리적인 명령이라도 그것이 신의 의지(이성)라고 가정되기 때문에 더 이상은 추궁할 수 없다. 추궁하는 사람은 이단의 길을 걷는 것이 된다. 군주의 경우에도 아무리 그것이 자의적인 결정으로 보여도 최종 결정이다. 그런데 인민주권 하에서 인민은 이미 이성을 겸비하고 있는 존재로 가정되고 있지는 않다. 인민 자체가 주체로서의 충분조건은 아니다. 인민은 이념적으로 이성적이지만 현실적으로 반드시 이성적이지는 않다는 것이다. 루소Jean-Jacques Rousseau는 인민주권론을 전개하여 인민의 의지로서의 '일반의지'에 최종적인 판단을 분담한 것으로 알려져 있는데 다음과 같이 말하고도 있다.

법을 따르는 인민이 법의 제정자이지 않으면 안 된다. …… 그러나 그들은 사회의 조건을 어떻게 규정하고 있는 것일까. …… 몽매한 무리

들은 무엇이 자신들에게 이익이 되는가를 좀처럼 알지 못하기 때문에 종종 무엇을 원하는가를 이해하지 못한다. …… 인민은 자연적으로 언제나 이익을 바라지만, 자신들은 반드시 그 이익을 알고 있지는 않다. 일반의지는 항상 옳지만 그것을 제시하는 사람들의 판단은 반드시 현명하다고 할 수 없다(Jean-Jacques Rousseau, 井上幸治 訳, 《社会契約論》第2巻 第6章〈法について〉, 世界の名著 36, 中央公論社, 1978, 261쪽).

이 점에서 현실에 존재하는 사람들을 '주체화'(주체 형성)할 필요성이 생기게 된다. 이것도 일종의 권력이라고 한다면 인민은 자신들이 권력을 사용하기에 앞서 논리적으로는 이보다 먼저 자신들 스스로가 권력 행사를 당하게 된다. 이렇듯 사람이 권력의 주체가 되는 동시에 권력의 객체가 되는 것에 대해 푸코는 주체sujet라는 용어가 가지는 두 가지 의미를 이용해서 '신하=주체화assujettissement'라고 부르고 있다.

이러한 주체 형성 권력은 국민국가 시대에서는 '국민화' 권력으로 나타난다. 즉 학교에서의 공통어 강제를 동반하는 교육이나 군대와 연동한 병사로서의 에토스 형성 같은 것이다. 앞에서도 본 것처럼 법학적인 설명에서는 국민화 권력 또는 주체 형성 권력이 입법 주체로서의 주권자를 만들어내기 위한 것이라고 설명한다. 확실히 자기결정 요구가 분출한 결과로서 왕정을 대신한 공화정이 수립되어 그것이 세계로 퍼져갔다는 측면을 무시하기는 어렵다(이 공화주의에 관해서는 제2부 3장에서 설명하고 있다). 그렇지만 법

학적·제도론적인 설명으로 국민화 권력의 성립이 모두 설명되는
가라고 하면 그런 것도 아니다. 오히려 다수의 인간이 공존하고
있다는 조건 아래에서 인간의 '무리'를 관리하는 기술이 이용되었
다는 논점이 도입되어야 하지 않을까. 많은 인간이 공존해가기 위
해서는 일종의 행동패턴을 공유할 필요가 있다는 인식이 그러한
신체의 행동방식을 주입하는 계기가 된다. 홉스적인 생각에 의하
면 자연상태로부터 벗어나 사회상태를 만들기 위해서는 어떻게
해야 하는가라는 형태로 인간 무리의 관리 문제가 제기되지만, 그
에 대한 해답은 명령을 발하는 주체를 지명하는 것으로 귀착되었
다. 이와 관련해서 인민주권적인 접근에 의하면 하나의 신체로부
터 나온 명령을 단순히 존중하는 방식은 불가능하기 때문에 주체
형성 권력이 매우 큰 역할을 하게 되었다.

　이렇게 생각함으로써 우리는 주체화 권력을 어느 특정 집단의
음모라고 간주하는 발상과는 일정한 거리를 두게 된다. 마르크스
주의 계보에서는 다양하고 복잡한 요소가 있어도 최종적으로는
계급 간의 관계가 인간에게 가장 본질적인 관계라고 여겨왔다. 따
라서 예를 들면 학교가 만들어진 것은 보다 나은 생산력을 가지고
있으며 착취하기 쉬운 노동자를 만들어내기 위한 부르주아 계급
의 책략이 된다. 이에 반해 주체화 권력은 반드시 어느 특정 개인
이나 집단의 의도로 환원될 수 있는 것이 아니며, 권력이 미치는
측도 일방적으로 권력 행사를 받고 있는 것이 아니고, 이 권력은
사람에게 힘을 주는 측면과 사람에게 힘을 뺏는 측면의 양면성을

가지고 있다는 입장이다.

의도란 무엇인가

이상에서와 같이 인민주권 상황에서는 주체 형성 권력이 가지는 의미가 매우 크기 때문에 이 점을 무시하고 미리 존재하는 복수의 주체를 가정하는 단순한 주체 간 권력론에는 문제가 있다. 그런데 주체 간 권력론에는 더한 문제점도 있다. 주체 A가 확고한 의도를 가진다는 가정이 설득력을 가지는가라는 것이다. 양자 간 관계에서 B가 A에 의해 권력 행사를 받고 있다는 논의는, A가 의도를 가지고 있고, 게다가 그것이 B에게 확실히 전달되고 있다는 것을 전제로 한다. 하지만 어느 쪽이든 그다지 확실하지는 않다. A에게 의도가 있다고 해도 B는 어떻게 그것을 알 수 있을까. "이것저것을 해!"라고 A가 확실히 말한다고도 할 수 없고, 만약 확실히 말한다고 해도 B가 A의 진의를 정확하게 파악하는 것이 가능할지는 불분명하다. B로서는 A의 의도를 추측할 수밖에 없지만, 그때 B가 추측한 A의 의도가 A의 진짜 의도와 일치한다는 보장은 없다. A의 의도에 대해서는 언제나 B에 의한 해석의 가능성이 남으며, 따라서 오해의 가능성도 있다. 인간이라는 주체의 '원형'인 신의 진의를 인간이 알 수 있을까라는 신학적인 문제가 있지만 주체가 하강함에 따라 이 문제 또한 하강해야 한다. 그다지 비대칭성이 없는 평등한 관계라면 B는 A에게 물어보는 등의 방법을 통해 A의 의도를 조금 더 확인할 수 있다(물론 그때 A가 진실을 말한다는 보장은 없지만). 그러나 신과 같은 멀리 떨어진 존재에 대해서는 그런 것을 할 수가 없다. 신까지 가지 않더라도 어떤 유력한 주체가 있다고 한다면 그러한 A에 대해 진의를 묻는다는 것이 가능할 리 없다.

이제 몇 가지 경우로 나눌 수 있다. 우선 B가 (가끔) 정확하게 A의 의도를 이해하고, A도 그것을 부정하지 않을 경우. 그것은 로버트 달이 말한 권력으로 볼 수 있을 것이다. 다음으로 B가 A의 의도를 (고의는 아니더라도) 오해한 경우. 이 경우 A는 사후 그것이 자신의 의도가 아니었다고 주장할 수 있다(자신에게 불리한 결과가 되었을 경우). 다만 그 경우에도 A가 말하는 것이 진실인지는 모른다(사실 B는 A의 의도를 오해하지 않았을지도 모른다). 셋째 B가 A의 의도를 고의로 오해한 경우. 즉 A를 등에 업고 부하 B가 폭주하는 경우다. A도 B도 이러한 양자관계를 다양하게 전략적으로 이용할 수 있다. B로서는 A의 의도를 핑계로 마음대로 할 수 있으며, 반대로 A는 B가 제멋대로 한 것이 자신의 진의와는 다르다고 언제라도 말할 수 있다. 그럼에도 불구하고 고의로 곡해한 것과 정당한 해석을 양분할 수는 없다. 언제나 확실하지 않은 부분(회색지대 Gray Zone)이 남으며 그것을 어떻게 해석하더라도 각 주체의 동기 부여를 확정하는 것은 불가능하다.

이렇듯 'B가 A의 의도를 이해할 수 있는가' 라는 질문을 던지면 '어렵다' 라는 결론이 나올지도 모르기 때문에, 양자 간 관계론을 주장하는 사람들은 실제로는 좀 더 형식적 또는 외형적으로 보려고 한다. 즉 A의 이해관심을 외형적으로 추정하고 그것을 실현하는 행동을 B가 취한 경우에는, 원래 A에게 의도가 있었으며 그것이 B에게 전해져서 그 결과로 B가 행동했다고 판단한다. 그러나 이는 언제나 타당한 추론이라고는 할 수 없을 것이다. 무엇보다 A의 이해를 객관적으로 확정할 수 있는가가 의문스럽다. 다음으로, 만약 외형적으로 A의 이해에 따른 결과가 나왔다 하더라도 그것이 A가 B에게 권력을 휘두른 결과인지는 알 수 없다. 예를 들면 A도 부하 B도 C가 죽으면 이익을 얻는 입장인데, B가 C를 죽였다고 가정하자. A가 이득을 본 것은 사실이다. 하지만 그렇다고 해서 A가 B를 사주했는지는 알 수 없다. 만약 A가 B에게 "C가 죽어준다면 ……"이라고 확실히 말했다고 해도 그것이 B를 움직였는지는 정확하게 알 수 없는 것이다.

이상 일단 A가 확실한 의도를 가지고 있다는 전제로 논했지만 사실은 그 점이 문제다. 신이 아닌 인간으로서 인과관계가 확실한 체계적인 의도를 가진 사람이 존재할 수 있을까. 대부분의 사람들은 과정 속에서 순간적으로 반응하기 때문에 나중에 보면 합리적인 행동을 취하지 않는 경우가 많다. 뿐만 아니라 상호 모순되는 의도를 동시에 가지는(브레이크와 액셀을 동시에 밟는) 경우도 드물지 않다. 어떠한 의도를 가지는지 갈피를 잡을 수 없는 사람도 있는데, 독재자라며 세상에서 두려움의 대상이 되는 사람은 대체로 그러한 경우가 많다는 설도 있다. 말이 상황에 따라 달라지고 본

인도 자신의 의도를 알지 못한다. 명확한 의도를 가진 주체를 상정할 때에는 앞에서 말한 바와 같은 비현실성이 늘 따라다닌다.

게다가 복잡한 인간관계 속에서 누가 어떤 의도를 가지고 있더라도 그것이 의도대로 실현되기란 불가능하다. 니체주의자들이 강조해온 것처럼 역사란 의도하지 않은 결과의 연속이라는 측면을 가지기 때문이다. 자신의 의도조차 확실하지 않은 사람들이 상호 오해하고 의도적·전략적으로 곡해하기도 하면서 여러 일을 벌이고, 그러한 행동으로 의도치 않은 결과가 사실상 생겨난다. 중요한 것은 A의 의도가 바르게 전달되었는지와 관련해서 B가 말하는 것은 물론이고 A가 말하는 것도 신용할 수 없다는 것이다. A의 진의라는 것도 마찬가지다. A가 그것을 전달할 마음이 있는지 B가 그것을 받아드릴 마음이 있는지 그리고 실제로 전달되었는지 전부 모호한 것이다.

여기에 덧붙여서 애초에 사건이란 항상 누군가 특정 주체의 의도에 의해 발생하는 것인가라는 문제도 있다. 무언가 중대한 변화가 있으면 사람들은 원인을 찾고 누군가에게 그 원인을 귀착시키려 한다. 그렇지만 사회적으로 중대한 의미를 가지는 변화가 그저 누군가의 명령과 강제만으로 실현될 수 있을까. 누군가가 명령한 결과로서 어떤 변화가 생긴 것처럼 보이는 사례 가운데, 사실은 먼저 어떤 행동양식이 축적되고 사람들의 행동방식에 패턴이 생기면서 나중에 그것이 누군가의 명령에 의한 것으로 오인되기도 하고 그렇게 보이도록 누군가에게 편승하기도 하는 사례도 많은 것이 아닐까. 일본에서는 관료가 절대 권력을 가지고 모든 사항을 명령한다고 생각해왔다. 그런데 최근의 예를 든다면, 경찰은 안전띠의 착용률이 낮다는 이유를 들면서 오랫동안 안전띠 착용 법제화를 미뤄왔다. 만약 안전띠를 널리 보급해서 안전성을 높이는 것이 지상명제라면, 착용률이 낮을 때야말로 그것을 법제화하여 확고히 하는 방법을 쓰는 편이 맞다. 그러나 경찰은 그렇게 하지 않았다. 안전띠 착용률이 낮은 단계에서 법제화하면, 아무리 벌칙을 만들어도 위반이 일상화되어 오히려 경찰의 체면이 무너져버리기 때문이라는 생각에서 그랬던 것으로 보인다. 이런 의미에서 경찰 관료는 사람들의 행동양식을 하나의 법률로 바꾸는 것이 어렵다는 권력의 실태를 잘 분별하고 있는 것이 아닐까. 사람들의 저항이 클 때 제도화하면 제도는 무력화되고 자신들에게 권력이 없다는 것이 드러나버린다. 반대로 상당히 많은 사람들이 안전띠를 착용하게 되고 나서, 즉 새로운 실천이 실질적으로 확립한 후에 그것을 법제화하면 높은 착용률을 얻을 수 있고 자신들에게 권력이 있다는 인상을 줄 수 있다. 이러한 예는 다른 데서도 찾을 수 있을 것이다. 권력 현상의 대부분은 이러한 '파도타기' 효과에 크게 의존할 가능성이 있다. 물론 능숙한 '파도타기'도 하나의 기술이지만 그것이 파도를 일으키는 것과는 본질적으로 다르다. 아무리 능숙한 서퍼라도 파도를 일으키는 것까지는 불가능하다.

책임에 대해

명확한 의도로 권력을 행사하는 주체 A를 가정하는 것에는 이러한 곤란함이 동반된다. 그럼에도 불구하고 양자 간 관계론이 뿌리 깊은 것은 무엇 때문일까. 그것은 그러한 생각이 몇 가지 의미에서 우리의 욕구에 인접해 있기 때문이 아닐까. 바로 사회적인 현상에 대해 의도를 가지고 그것을 실현시킨 주체를 찾아내려는 욕구 말이다. 그것은 인간이 가진 일종의 질서의식과 같은 것에서 유래하고 있을지도 모른다. 중요한 사회적 현상일수록 실제 그 현상에 관여한 사람들의 수가 많아 한 사람의 뜻으로 돌리기에는 곤란함이 따르게 된다. 다양한 우연과 엮여 있을 가능성도 있다. 그럼에도 불구하고 그러한 현상일수록 우리는 누군가에게 책임을 돌리려는 강한 욕구를 가진다. 신이 있었을 때는 인간적인 주체를 쉽게 특정할 수 없는 문제를 신에게 돌리는 것이 가능했다. 본래 신은 아무리 해도 납득되지 않는 일을 납득시키기 위해 고안되었다고 말할 수 있기 때문이다. 그렇지만 기독교 신학의 역사를 봐도 모든 사건의 책임이 최종적으로 신에게 있다는 논점은 신학에서는 일종의 걸림돌이 되어왔다. 신은 전능하며 또한 (신앙의 대상인 이상) 선하지 않으면 안 된다. 그렇다면 왜 신은 악도 만든 것인가. 예를 들면 신은 왜 욥과 같은 선한 사람에게 고난을 주는 걸까. 왜 아무 죄도 없는 어린아이는 잔혹하게 죽고 악행을 마구 일삼은 인간은 오래 사는 것인가. 신의 존재 이유를 둘러싼 이러한 문제에 대해 기독교가 충분히 논리적으로 답해왔다고 하기는 어렵다. 이 점을 파고들어 생각한 사람은 예를 들면 전생의 인과(카르마Karma)와 같은 '이단'적인 설명에 접근했다. 하지만 그렇다 하더라도 신을 믿고 있을 동안에는 신이 최종심판의 결정 주체였다.

그런데 신이 죽자 인간 중에 책임을 지는 사람이 나오지 않으면 안 되게 되었다. 그것은 아마도 신 부재의 시대에 종교와 분리된 형태로 도덕을 유지해야 한다는 요청과 관계가 있을 것이다. '책임'이라고 한 단어로 말하더라도 그 의미는 여러 가지다. 예컨대 재판에서 문제가 되는 법적 책임부터 사회적으로 비난의 대상이 되는 도의적 책임 같은 것이 있다. 하지만 어느 쪽이든 어떤 주체의 의도에 의해 어떤 사건이 생겼다고 생각함으로써 도덕적인 동기부여를 유지하려고 한 것으로 생각된다. 주체를 특정시킬 가능성을 모두 부정한다면 무책임한 회피를 조장해버린다. 가령 어떤 사건을 의도적으로 일으킨 장본인이 있다고 해도 그가 언제라도 "나에게는 의도가 없었다. 본래 명확한 의도를 가진 주체는 존재하지 않는다. 실제로는 그 사건은 다양한 우연한 일의 연속으로 일어난 것이다"라고 주장할 수 있기 때문이다. 그러면 모두가 자기 마음대로 행동하고, 게다가 그것의 처벌이 불가능한 자연상태와 같은 사태를 초래해버릴지도 모른다. 그래서 우리는 어떻게 하든 책임자를 특정하려 하는 것이다.

그러나 그러한 시도가 언제나 성공하는 것은 아니다. 관계자들은 서로에게 책임을 극렬하게 전가시킬 것이다. 책임을 추궁당하면 당할수록 다른 사람에게 책임을 덮어씌우려는 동기부여도 강해진다. 그 결과로 진짜 책임자를 찾으면 좋겠지만, 사회적 약자나 좋은 변호사를 고용할 수 없는 사람이 책임지게 될지도 모른다. 얄궂게도 진짜 권력자는 책임을 회피할 수 있는 권력을 가질 가능성이 있기 때문이다. 그것은 권력주체를 지명할 수 있다는 단순한 논의의 상당히 치명적인 논점이 될 것이다. 다음으로 어떤 주체에 책임을 돌리는 방법은 일벌백계로 그 후 사람들의 행동에 도덕적인 효과를 미칠지도 모르지만(형법학에서 말하는 일반예방), 구조적인 요인을 은폐시켜버릴지도 모른다. 우연히 A라는 나쁜 녀석이 있어서 그러한 일이 벌어진 게 되어버릴 수 있다는 것이다. 만약 A 이외의 누구에게라도 동일한 사태가 발생하기 쉽다면, A에게 책임을 돌리는 것만으로는 문제가 해결되지 않을 것이다. 형법학에서는 이러한 관점이 인격형성 책임론 같은 형태로 전개되어왔다. 범죄를 일으킨 주체도 나쁘지만 그러한 주체를 만들어낸 사회적·경제적 구조도 나쁘다는 논리다. 그러나 그러한 논점을 전개해가면 범죄자를 처벌하는 것 자체가 곤란해진다. 범죄자는 사회적 모순의 화신에 지나지 않게 되기 때문이다. 형법의 학설과 실무는 주체 A의 책임과 사회적 책임 사이에서 절충적인 대응을 취함으로써 이러한 문제가 나타나는 것을 회피하고 있지만 문제 자체가 사라진 것은 아니다.

책임과 주체의 관계에 대해 이 책에서 구체적으로 설명할 수는 없다. 하지만 그것이 얼마나 심각한 것인지는, 전쟁책임 문제를 훑어보는 것만으로도 확실하다. 극동국제군사재판에서는 일본의 전쟁책임은 이른바 A급 전범들에게 있다고 했다. 그것은 메이지 헌법 하에서 적어도 제도적으로는 그들의 위에 있었던 쇼와천황昭和天皇의 전쟁책임을 면제하는 것이었고, 그것이 일본을 통치할 때 천황의 권위를 이용하고 싶었던 점령군의 정치적인 배려에서 유래했다는 것은 오늘날 상식이다. 이와 관련해서 전쟁 중에 천황이 했던 역할로 봐서 천황에게도 책임을 물을 수 있다는 논의가 충분히 가능하다고 생각된다. 오히려 천황을 면책하면서 A급 전범은 심판한다는 처벌의 불균형(이중기준의 존재)은, 오늘날까지도 전쟁책임 자체를 부정하는 일부 움직임에 힘이 되었다고 해야 한다. 이뿐만이 아니다. A급 전범들에게 책임을 돌린 데에는 생각해봐야 할 또 하나의 측면이 있다. 즉 동시에 전범이 되는 국민의 책임을 한꺼번에 면책했는데 이 점도 문제시될 수 있다는 점이다. 물론 근본적으로는 지도적인 입장에 있던 사람들의 책임이 문제가 되지만, 일반 일본 국민은 일방적으로 전쟁에 휘말린 단순한 피해자일 뿐인가라고 추궁당한다면, 마냥 그렇다고 하기 어려울 것이다. 전쟁과 식민지화로 인해 일자리가 늘고 생활의 향상을 꾀하여 그러한 정책을 음으로 양으로 지지한 사람들도 전쟁책임과 관계없다고 할 수는 없다. 어떠한 탄압과 박해를 받아도 전쟁 협력을 거부한 사람들에 비하면 군수산업과 식민지행정을 자신의 직장으로 선택해서 일상 업무로서 협력한 사람들에게도 일말의 책임은 있다. 자신의 생활을 개선시키려는 사소한 소망을 가지는 게 뭐가 나쁜가라는 반론도 가능하지만, 그러한 사소한 소망이 모여서 훨씬 중대한 결과가 생겨나는 것 또한 사실이다. 냉엄하지만 '톱니바퀴'의 책임까지 추궁하지 않는다면 계속 움직이는 거대한 전쟁 기계를 멈추는 것은 불가능한 것이다.

그러면 전후에 태어난 세대는 어떠할까. 자기들이 전쟁에 협력하지 않은 이상 책임은 없는 것일까. 반드시 그렇지만은 않다. 국민적인 아이덴티티에 기초한 국적을 향유하며 국민경제와 국민건강보험 시스템 안에 조직되어 있고 그 이외의 집단과 구분되는 일본 국민으로서의 특유의 권리를 계속 유지하는 한 그러한 책임도 상속되는 것이라고 생각할 수밖에 없기 때문이다. 이는 일본이나 독일의 전쟁책임만을 추궁하는 역사관과 다른 지점으로 우리를 안내할 것이다. 애초에 아시아 식민지화는 일본이 시작한 것이 아니라 서양 제국에 의한 식민지화를 치졸하게 모방한 것이다. 서양 제국에게도 식민지주의의 중대한 책임이 있으며 그들이 아시아·아프리카 식민지화에 대해 거의 사과한 적도 없고 심판받은 일도 없다는 것 또한 문제시해야 한다. 일본의 책임을 생각하면 천황뿐만 아니라 일본 국민의 책임, 나아가서는 서양 제국의 책임에까지도 생각이 이르러야 한다.

일반적으로 많은 주체에게 책임을 돌리는 것은 오히려 무책임한 결론에 이르기 때문에 환영받지 못한다. 가능한 한 소수의 주체에게 책임을 돌리는 것, 즉 '악역'을 지정하는 것으로 인과관계를 단순한 형태로 확정하고 다음 단계로 나아가려는 것이 법적인 사고법이기 때문이다. 그러한 법적인 방법은 각종 전쟁 재판이나 아이히만 전범 재판 등에서 형성되어왔지만 최근의 유고슬라비아 사태에 관해서도 같은 해결 방식이 적용되려 하고 있다. 책임자를 다수 찾아내면 책임을 분산시키게 되어 결국 아무도 책임을 지지 않는 무책임 체제가 되기 쉽다는 점을 생각한다면 그러한 법적인 해결법을 모두 부정하기란 불가능하다. 어쨌든 누군가에게 책임을 돌리는 것이 신이 없는 시대에 도덕의식을 유지하기 위해서는 필요하다는 생각도 성립한다. 게다가 많은 사람들에게 책임을 묻기 위해서는 각각의 책임 정도를 정하는 책임 배분이 불가결하지만 이것은 상당한 어려움을 동반한다. 그러나 동시에 사회적으로 중대한 사건을 특정 주체의 의도로 돌리는 방식은 매우 자의적이고 폭력적이 될 수 있으며 오히려 다양한 책임을 은폐하게 될지도 모른다는 것을 명심해야 할 것이다.

02

권력을 어떻게 바꿀 것인가

권력은 위로부터 오는가 아래로부터 오는가

　권력은 매우 오랫동안 위로부터 내려오거나 하나의 중심에서 방사되는 것으로 생각되어왔다. 이것은 앞에서도 다루었던 것처럼 권력 개념이 신학적인 기원을 가지고 있기 때문일지도 모른다. 중심이 신적인 권위로부터 세속 국왕에게까지 내려온 후에도 권력이 하나의 중심점을 가진다는 관점은 계승되었다. 그것이 주권론의 계보다. 이른바 절대왕정은 유럽 중세에 존재한 다양한 통치관계가 폭력적으로 정리되고 한 영역 내에서 일원적인 지배가 확립된 상태를 가리킨다. 그곳에서 주권자 즉 군주는 영역 내 모든 일의 최종 결정 권력을 가지며(주권의 대내적 측면), 영역 외의 어떠한 것으로부터도 지도받지 않는(주권의 대외적 측면) 존재로 여겨졌다.

　중요한 점은 시민혁명을 거쳐 인민이 주권자가 되어서도 주권의 이러한 절대적인 성격 자체는 변하지 않는 것이라고 일반적으로 생각한 점이다. 물론 그 중심을 보기는 어렵게 되었다. 이전의 왕권에서는 권력의 중심을 스스로 나타내는 주체가 존재했지만 이번에는 인민 전체가 중심이 되어버렸기 때문이다. 인민에게 유래한다는 점에서 보면 권력은 아래로부터 오는 것처럼 보이기도 한다. 그러나 루소의 '일반의지'론에 보듯 인민주권을 담당하는 권력의 주체로서의 인민은 마치 단독인격으로 행동하는 듯 보인다. 스스로의 특수이익이 아니라 인민 전체의 이익을 생각한다면 그 의지는 자연스럽게 하나로 수렴될 것이다. 따라서 여기에서도 권력은 인민의 의지라는 어떤 추상적인 중심에서 유래하고 군주주권과 같이 절대적인 것으로 여겨진다.

권력중심의 다원성

이렇듯 군주주권이든 인민주권이든 주권론은 단일 권력중심을 전제로 한다. 이와 관련해서 다양한 형태로 일원적인 권력을 제한하려는 논의가 전개되어왔다. 일련의 다원주의 이론이 그것이다. 이 이론에서는 권력이 하나의 중심으로 수렴되는 사태를 전제주의로 기피하는 한편, 권력이 중심 및 권력에 종속하는 복수의 주체로 분산되는 것을 자유로운 체제라고 묘사한다. 이 때문에 다원주의자들은 자유주의자라고도 불린다. 권력의 일원화에 반대하는 것이 자유주의의 가장 중요한 포인트다. 또한 그러한 생각은 국왕이 귀족 등 다른 주체와 권력을 공유하던 것이야말로 참다운 정체政體(constitution)라는 중세 유럽적인 사고를 계승하는 것이기 때문에 입헌주의constitutionalism라고도 불린다.

이러한 자유주의=다원주의=입헌주의는 권력의 집중에 대한 비판으로서 중요한 의미를 지니고 있었다. 이 계보는 예를 들면 18세기 프랑스에서 귀족 입장에서 중앙집권화에 반대하여 '귀족반동'이라고 불린 그런 사람들에게서만이 아니라 인민주권 하에서 자칫하면 한쪽에 모이기 쉬운 권력을 분산시키는 데에도 큰 역할을 수행해왔다. 20세기 초 영국에서 해럴드 래스키Harold Joseph Laski 등의 이른바 정치적 다원주의도 그러하다. 따라서 칼 슈미트와 같이 바이마르공화국의 주권 유지를 중시한 사람은 정치적 다원주의를 공격했던 것이다. 20세기에 등장한 다양한 전체주의의 악몽은 권력을 다원화시킬 필요성을 새삼 뒷받침하는 것처럼 보인다. 그런 의미에서 자유주의적인 비판에는 역사적인 의미가 있지만 동시에 한계도 있다는 것을 지적해야 한다.

문제는 이러한 논의가 고정적인 권력관계를 법의 이름으로 유지하려 한다는 점이다. 역사적으로 자유주의자들이 주권에 도전하는 근거는 특권이었다. 과거에 여러 형태로 제도상의 특권을 부여받아온 집단이나 개인이 이러한 특권을 무시하는 일원적인 권력에 대해 자신들의 특별한 법적 지위를 확인시키는 것이 그들의 비판 스타일이었다. 여기에 본래 권력관계를 제도적으로 고정화하는 것이 타당한가라는 법적 사고에 대한 근본적인 의문이 개재할 여지는 없다. 주권에 대한 제한은 주권보다 하위 권력을 옹호하는 것과 표리일체다. 주권은 사실상 폭력적으로 다른 세력을 배제한 것에 지나지 않음에도 법으로 스스로를 무장하고 제도적인 근거가 있기 때문에 따르라고 요구한다. 자유주의자들은 그러한 주권론의 기만성을 폭로하는 점에서는 매우 웅변적이지만, 다른 한편 비판이 그들 자신에게로 되돌아올 가능성에 대해서는 침묵한다. 주권에 종속하는 중간적인 집단 또한 다른 사람들과의 관계에서 우위에 서 있으며, 특권적인 집단과 그 이외의 사람들과의 사이에는 비대칭적인 관계가 생겨나는 것이 아닐까. 그러한 관계에서 종속적인 입장에 있는 사람들에게 권력중심이 복수형인 편이 단수형보다 무조건적으로 좋다는 보장은 없는 게 아닐까. 그들에게는 중간적·종속적인 권력주체가 의거하고 있는 법 또한 사실상 권력관계를 꾸미는 것이라는 점에서 주권 개념과 마찬가지로 비판의 대상이 될 수 있을 것이다.

다음으로 권력주체의 일원성이 정말로 상대화되는가도 의문이다. 굳이 주체 간 권력론의 틀 안에서 표현하자면 다원주의 하에서는 주권자와 인민 사이의 권력관계에 더해서 중간적인 단체와 인민 사이에도 권력관계가 존재하고, 나아가 주권자와 중간적인 단체 사이에도 권력관계가 존재하게 된다. 만약 이들 관계가 상호 완전 독립적인 것이라면 권력관계의 총체는 매우 복잡하게 될 것이다. 그러나 자유주의자들은 그렇게 생각하려 하지 않는다. 그들에게는 주권이 결정적이며, 따라서 주권과 인민 사이의 관계뿐만 아니라 다른 모든 관계도 최종적으로는 강력한 주권에 의해 규정된다는 것, 즉 모든 권력이 주권으로부터 유래한다는 것이 움직일 수 없는 전제다. 왜냐하면 만약 주권이 모든 권력의 중심이 아니라면, 권력이 분산되기도 하고 어딘가에 숨기도 하면, 자유주의 논리는 파탄나기 때문이다. 독재자라고 생각했던 사람이 사실은 민중의 괴뢰이기도 했던 것이나 주권국가가 기업 활동을 좌우할 수 없는 것이 이러한 예에 해당한다. 이것이 황당무계한 사태인가 하면 반드시 그렇지도 않다. 오히려 권력은 항상 의외의 장소에 있지만 자유주의의 존립 근거는 어떤 지명 가능한 권력중심에 대항하는 곳에 있기 때문에 그러한 전략을 취할 수 없는 사태를 우려한다. 자유주의자는 여러 곳에 권력이 있다고 하면 권력 핵심으로부터 눈을 돌리게 되고 결과적으로 권력을 옹호하게 된다고 한다. 실제로 뒤에서 다루게 될 '권력은 아래로부터 온다'는 푸코의 명제에 대해 자유주의자들은 노골적으로 경계심을 보여왔다.

그렇지만 반대로 푸코의 관점으로 본다면 오히려 자유주의야말로 일원적인 권력의 존재를 자명한 사실로 전제하여 그것에 대한 대항의 필요성을 주장함으로써 일원적인 권력을 강화시키는 결과를 초래한다. 이미 언급한 바와 같이 권력은 일방적으로 어떤 권력 주체가 행사하는 것일 수 없고 상호적인 관계에서 만들어지는 것이다. 따라서 'A에게 권력이 있다'라는 말 자체가 결과적으로 A의 권력을 키우는 것이 될지도 모른다. 'A에게는 권력이 있을 것 같기 때문에 따르자'는 생각이 퍼지기 때문이다. 만약 A에 대해 착각한 것이거나 A를 과대평가한 것이라 해도 일단 그러한 평가가 유포되어 버린다면 일정한 효과(발언 효과Announcement Effect)를 가진다. 그런 의미에서 권력 소재에 대한 이론은 모두 자기현실적인 예언의 측면을 가진다. 자유주의자가 권력은 국가에 있다고 하면 할수록 국가의 권력이 강화되어버린다는 역설과 다름없다. 권력 주체를 둘러싼 언어 게임이 이렇듯 수행적performative인 성격을 지니는 것은 이른바 '냉전사고'를 상기한다면 쉽게 이해될지도 모른다. 20세기 후반의 세계에서는 지구상에 나타나는 모든 움직임이 미·소 양대 강국 중 어느 쪽인가의 권력 작용에 의한 것이라고 곧잘 해석되었다. 어떤 지역에서 일어난 운동이 애초에 어떤 진영과도 관계없이 지역적 이해관계로 일어난 경우에도 반드시 어느 한쪽의 음모라고 결부시켜서 해석되었다. 이러한 생각이 결과적으로 양국의 발언권을 확립시켜 다른 지역에 대한 두 주권국가의 권력을 강화하는 효과를 가졌던 것은 부정할 수 없다. 물론 이 점만을 강조하는 것은 너무 관념적이고 군사력 즉 폭력이나 경제적 자원, 나아가 정보나 이데올로기적인 자원을 이들 양대 강국이 가지고 있었고, 실제로 그러한 자원을 투입해서 일종의 권력을 행사한 측면도 있다. 그러나 세계를 움직이고 있는 주요한 권력 주체는 미·소밖에 없다는 생각 자체가 미·소의 권력에 대한 허상을 부풀려 그 점이 결과적으로 미·소의 권력을 증폭시킨 면도 있지 않겠는가. 이에 대해 세계에서 일어나고 있는 여러 사건을 각각 개별성으로 파악하고, 궁극적인 권력의 소재를 안이하게 전제하지 않는 것이야말로 권력의 집중화에 대한 비판으로 연결되는 것은 아닐까.

그런데 이러한 자유주의 또는 다원주의 계보에 대해 일반적으로 마르크스주의는 적대적 입장에 있다고 생각되어왔지만 권력에 대한 이해에 국한시킨다면 반드시 그렇다고는 할 수 없다. 이른바 '정통파' 마르크스주의는 부르주아 계급에 의한 계급 지배의 거점이 국가, 특히 폭력장치로서의 군대와 경찰에 있다고 생각했다. 이때 권력은 자유주의 이상으로 고정적이고 비대칭적인 관계라고 가정된다. 즉 고정화한 특정 집단(지배계급)이 다른 고정화한 집단(피지배계급)에 대해 명확한 의도 하에서 권력을 계속 행사한다는 것이다. 자유주의자들의 경우와 마찬가지로 마르크스주의자들도 권력을 방임하는 것에는 반대하지만 그 밖의 다른 부분에서 양자의 논리는 엇갈린다. 자유주의자와 달리 마르크스주의자들은 자본주의경제가 계속되는 한 권력을 근본적으로 부정하는 것은 불가능하다는 명제를 세우기 때문이다. 마르크스주의의 입장에서 보면 당연한 귀결이지만 경제체제 여하를 막론하고 어떤 중간집단을 만듦으로써 국가권력을 나름대로 제한할 수 있다는 자유주의자와의 관계가 이 부분에서 급속하게 악화된다. 게다가 마르크스주의자들은 위와 같은 명제의 연장선상에서 사회주의경제를 수립하면 계급 대립이 없어지기 때문에 국가권력은 필요 없게 되고 모든 권력도 소멸한다고 생각한다. 자유주의자들의 입장에서 보면 마르크스주의는 권력이 충만한 공간으로부터 권력의 진공상태로의 이행을 역설하는, 물구나무선 홉스주의자라는 이미지를 가지게 된다. 위에서 본 것처럼 자유주의자들은 '권력으로써 권력을 제어하는' 것에 관심을 가지기 때문에 이러한 마르크스주의의 권력론은 반권력론이므로 받아들이기 어려울 것이다. 그렇지만 혁명 이전 상태에 국한한다면, 양자는 양자 간 관계론을 공유하고 게다가 권력이 위로부터 오는 것이라고 보는 점에서 유사한 것 또한 사실이다.

아래로부터 오는 권력

이렇듯 종래의 권력 관념이 법적·제도적인 관념과 결부되어온 점에 대해 푸코는 《성의 역사》 제1권 《앎의 의지》에서 다음과 같이 말한다.

> 결국 시대와 목표가 다르더라도 권력의 표상은 여전히 왕정 이미지에 사로잡힌 채로 있다. 정치의 사고와 분석에서 사람들은 여전히 왕의 목을 자르고 않고 있는 것이다(Michel Foucault, 渡辺守章 訳, 《性の歴史Ⅰ 知への意志》, 新潮社, 1986, 115쪽).

우리는 어떤 국가 전체에 미치는 대문자 권력을 가정해서는 안 된다. 특정 집단이 사회 전체에 대해 행하는 지배를 가정해서도 안 된다. 즉 권력에 대해 논할 때 출발점으로 "국가주권이라든지, 법의 형태라든지, 지배의 총체적 통일성을 전제해서는 안 된다"라

는 것이다(Michel Foucault, 《性の歴史Ⅰ 知への意志》, 119쪽). 푸코에 의하면 그러한 통일성이 있다고 해도 그것은 권력의 "종단적 형태les formsterminals에 지나지 않는다". 우선 다양한 권력관계가 개별적으로 존재한다. 그것들은 서로 교류하기도 하지만 서로 공격하기도 한다. 결과적으로 몇 가지 통일성이 생기기도 하지만 그것은 어디까지나 결과이고 모든 것이 그곳에서 파생되는 중심이라고 미리 가정되어서는 안 된다. 권력은 다양한 장소에서 발생하기 때문에 전체로 묘사하는 구도를 총괄하는 특별한 점을 생각할 수 없다. 푸코는 말한다.

> 권력이란 하나의 제도도 아니고 하나의 구조도 아니며 사람들이 가지고 있는 힘도 아니다. 그것은 특정한 사회에서 복잡하게 뒤얽힌 전략적 상황에 부여되는 명칭이다(Michel Foucault, 《性の歴史Ⅰ 知への意志》, 120~121쪽).

그리고 그는 이러한 권력관계의 연쇄로 권력을 파악함에 있어서 몇 가지 명제를 열거하고 있다. 그 모든 것을 이 장에서 논할 수 없지만 여기에 정리해두자.

권력은 누군가가 보유할 수 있는 것이 아니라 무수한 지점을 출발점으로 게임을 하는 가운데 발휘되는 것이다.

권력이란 경제적·지적·성적 관계 등 다양한 관계의 외부로부터 규제하는 것이 아니다. 관계 내부에서 직접 만들어낸다.

권력은 아래로부터 온다. 양자 간의 이항적 지배관계를 가정하면 안 된다. 오히려 다양한 부분적인 권력관계가 결과적으로 사회의 단층을 형성한다.

권력은 의도적이지만 비주체적이다. 각각의 국면에서 의도적인 행위가 이루어져도 전체를 통제하는 주체는 없다.

권력이 있는 곳에 저항이 있다. 거꾸로 말하면 개별 권력에 대한 저항밖에 할 수 없다. 권력 자체를 없앤다는 의미의 권력으로부터의 해방은 없다. 이들 명제 중 (1)과 (4)는 이미 제1부에서 논한 것과 관계가 있다. (5)에 대해서는 4장에서 주로 다룰 것이다. 여기에서는 (2)와 (3)이 문제가 된다. 푸코는 《앎의 의지》에서 권력에 대한 그의 생각을 상당히 알기 쉬운 형태로 정의하고 있다. 언뜻 보기에 개별 문제에 대한 역사서술로 보이는 그 밖의 작업도 사실은 권력 문제를 둘러싸고 전개되고 있다. 예를 들면 《감시와 처벌》에서 묘사한 것은 병원, 학교, 감옥 등 후기 근대에 보급된 다수의 인간을 수용하는 시설이 다양한 목적에도 불구하고 매우 유사한 측면을 가지고 있었다. 바로 그러한 시설에서 '규율권력le pouvoir disciplinaire'이라고 불리는 것이 작용한다는 점이다. 각각의 시설에서 사람들은 정해진 행동을 요구받고, 그 요구에 따르지 않을 경우에는 따르도록 재촉되고 강요당한다. 그러한 과정 중에서 사람들은 점점 그러한 행위를 신체화(몸에 익힘)하게 된다. 그러한 관리는 통상 시간에 대한 엄격한 관리를 동반한다. 몇 시 몇 분에 기상해서 몇 시 몇 분에 세안, 몇 시 몇 분부터 몇 분 사이에 식사, 몇 시부터 운동, 몇 시부터 작업, 그리고 몇 시 몇 분 소등에 이르기까지 구체적인 스케줄이 정해져 있다. 그리고 각각의 시각에 알맞은 행동을 사람들이 하고 있는지를 확인하기 위해, 즉 규율이 관철되고 있는지를 조사하기 위해 감시를 위한 장치가 필요하게 된다.

잘 알려진 것처럼 푸코는 벤담Jeremy Bentham이 고안한 '판옵티콘Panopticon'(전망감시장치; 원형감옥)을 이러한 장치의 일례로 여겼다. 이것은 하나의 원탑 주위에 방사상으로 수용실을 배치하고 중앙탑에 감시인이 있다(고 가정한다). 이렇게 배치하는 것만으로도 많은 수용자를 감시할 수 있는데 벤담은 거기에 하나를 더 고안하여 감시인은 수용자를 볼 수 있지만 수용자 쪽에서는 감시인을 볼 수 없게 시선을 일방화시켰다. 이 장치에 의해 수용자는 언제 감시당하는지를 알아차리지 못하고 결과적으로는 늘 감시당하고 있다는 전제 하에서 행동하게 된다. 즉 시선이 24시간 끊임없이 수용자의 몸에 쏟아진다. 한편 감시인 입장에서는 주위를 열심히 계속 감시할 필요가 없으며 그곳에 있는 것만으로도 감시 효과가 발휘된다. 뿐만 아니라 사실은 감시인이 정말로 있을 필요조차 없다. 탑에 아무도 없어도 수용자가 그것을 알아차리지 못하는 한 수용자들은 무인탑으로부터의 '시선'에 계속 불안해하게 된다. 감시카메라에 파묻힌 현대사회에 사는 우리에게 이러한 장치의 존재는 오히려 상식에 속할 것이다. 은행은 물론 편의점에서도 아파트의 엘리베이터에서도 카메라 렌즈가 우리를 향해 있다. 누군가가 지금 그것을 보고 있을 가능성이 거의 없다는 것은 초등학생이라도 알고 있지만, 카메라가 비디오 장치에 연결되어 있을 가능성은 적지 않으며 사후에 그것을 확인할 수 있다고 모두가 생각하는 이상 감시장치는 충분히 기능한다. 그리고 우리는 단순하게 카메라와 다양한 감시장치가 관리사회를 초래했다면서 부수고 다니는 일 따위는 이미 생각도 하지 않는다. 그 장치에 의해 '안전security'이 유지된다는 생각에 이미 익숙해져버렸기 때문이다. 그 장치가 사생활을 불가능하게 하고 거대한 위험을 발생시키고 있다는 것은 적극적으로 의식하려고 하지 않은 채.

이러한 판옵티콘에 보이는 규율권력의 존재와 제1부에서 다룬 왕권 혹은 그 왕권에 대응하는 공개처형을 비교했을 때 바로 드러나는 것은 시선의 방향이 반대라는 점이다. 후자에서는 특권적인 신체에 민중의 시선을 모으는 것이야말로 권력이 작용하고 있다는 증거라고 생각되었다. 그렇기 때문에 권력에 반항하고 그럼으로 인해 왕의 신체의 특권성에 먹칠을 한 사람은 시선을 모아 신체를 파괴함으로써, 반사적으로 왕의 신체의 완전성의 회복을 추구할 수 있었다. 이에 반해 판옵티콘에서 보여지고 있는 쪽은 민중이다. 감시인 즉 양자 간 관계론에서는 권력 주체 A라고 간주되는 쪽은 절대 볼 수 없으며 심지어 공석이어도 좋다. 이것은 무엇보다도 주체 간 관계론을 상대화하는 의의를 가지고 있을 것이다. 즉 권력 주체 A를 찾아 헤매는 일만이 권력을 논하는 모든 것은 아니라는 것이다. 가령 판옵티콘에 감시인이 있다고 해도 그 사람을 권력자라고 부르는 것이 의미가 있는 일일까. 남자(아니면 여자) 감시인을 처형했다고 해도 처형으로 그곳에서 작용하는 권력이 없어지지는 않는다. 감시인이 사라져버린다고 해도 장치는 기능하기 때문이다.

이에 대해 권력주체를 찾는 사람들로부터는 다음과 같은 반론이 당연히 예상된다. 우리가 찾고 있는 권력주체는 그러한 말단 감시인들이 아니다. 판옵티콘을 설치한 장본인이며 그것은 정치가나 고급관료 같은 국가 수준의 권력자라고. 확실히 감옥이나 학교 같은 시설이 최근까지는 대부분 국가에 의해 정비되어왔다. 지금은 영어권을 중심으로 감옥까지 민영화하려는 움직임도 있지만 그것은 잠시 놔두자. 민간 기업이 국가로부터 위탁받아 그 손발이 되어 일하고 있는 것에 불과하다는 생각도 가능하기 때문이다. 그렇지만 예를 들면, 편의점의 감시카메라가 국가권력의 책모에 의해 설치되었다고 강변해도 그다지 설득력은 없을 것이다. 그것은 기업에 의해 설치되었지만 그렇다면 기업 경영자가 이러한 경우의 권력자인가 하면 그렇다고 단정할 수 없다. 이용자까지 포함해서 사회의 넓은 범위에 의해 그러한 장치의 설치가 암묵적으로 요청되고 수용되고 있는 측면을 무시할 수 없기 때문이다. 그러한 감시장치에 대해 누가 만들었는가라고 추궁하더라도 책임을 돌릴 만한 주체는 무한하게 확산되어버린다. 그것보다도 중요한 것은 권력이 어떻게 작용하고 있는가를 보는 것이며 어떻게 하면 그것을 바꿀 수 있는가를 생각해야 하는 것은 아닐까.

그렇다 하더라도 푸코의 판옵티콘의 함의는 위에서 제기한 문제로 끝나지 않는다. 다양한 감시장치가 어디까지나 각각의 개별 목적에 따라 개별적인 권력관계 안에서 생겨나기 시작했다는 것이 푸코의 설명법이다. 이 점이 프랑스혁명 전후의 감옥의 성립에 대한 그의 논의에서 가장 특징적이다. 이미 언급한 바와 같이 이 점에 대해서는 동시대적으로도, 그 후에도 인민주권과의 관계에서 법학적인 설명이 행해지는 것이 일반적이었다. 즉 혁명에 의해 주권이 인민에게 이행되고 인민이 입법자가 되자, 인민 중에서 법을 어긴 범죄자를 주권자에 걸맞은 주체로 교정할 필요가 생겼다는 설명이다. 푸코는 이 설명과 관련하여 확실히 법학이론도 하나의 요인이지만 그것만으로는 충분하지 않다고 여긴다. 애초 동시대의 법학자들이 감옥이라는 시설을 그다지 중시하지 않았는데도 곧바로 감옥이 유럽과 북미에 퍼지기 시작한 이유가 있다. 푸코는 감옥 제도가 그 당시에 사람들을 관리하기에 유리한 기술을 가지고 있었기 때문은 아닐까라고 생각한다. 실제로 감옥을 운용하는 입장에 있는 형사행정 당국자들은 인민주권 같은 것에는 직접적인 관심을 가지고 있지 않았다. 그들의 관심은 오히려 무리의 평화를 어지럽히는 썩은 사과를 떼어버리는 것에 있었다. 집단생활을 계속 원활하게 하기 위해서는 규율이 필요하고, 규율이 없는 사람에게는 그것을 주입시킬 필요가 있다는 생각이다. 따라서 형사행정 당국자들에게는 입법자로서의 능력이 문제가 아니라 집단을 유효하게 관리할 수 있는 기술이 있다면 무엇이든 괜찮았다. 마침 거기에 감옥이라는 기술이 생겼기 때문에 감옥에 달려들었던 것이다.

푸코는 유럽에서 집단을 관리하는 기술이 어떻게 생겼는지를 탐구하여 수도원 등의 시설부터 나아가서는 한센병이나 페스트 등 전염병 관리 기술까지 언급하고 있다. 그리하여 감염력이 약한 한센병의 경우에는 감염자를 사회로부터 격리시키는 대응이 이루어진 것에 반해 감염력이 강한 페스트에 직면하는 과정에서는 기술이 축적된 경과를 묘사하고 있다. 감염자가 발견됐을 때 그 지역 전체의 감염을 의심하지 않으면 안 되기 때문에 지역을 둘러싸고 외부와 격리시켜 내부에서 병을 철저하게 관리하는 방법이 취해졌다. 이 페스트에 대응하는 기술이 사회의 '병'으로 의식된 범죄에도 적용되었다는 것이 푸코의 설명이다. 판옵티콘에 대해서는 그것이 동물 사육을 위한 기술의 응용이라는 가능성도 지적되고 있다. 어떻든 간에 무리를 관리하려는 사람들은 바로 그 때 가까이에 있는 기술을 사용해서 최대한 무리를 관리하려 한다. 이러한 의도가 법학자들의 의도와 반드시 일치하지는 않는다. 양자가 공감하기도 하고 대립하기도 하면서, 또한 그 외의 다양한 세력의 의도가 복잡하게 교차하면서 감옥 제도는 생겨났다는 것이다.

학교나 병원도 각각 교육을 위한 장치이며 치료를 위한 장치인 점에서 감옥과는 다른 목적을 가진다. 그렇지만 다수의 인간을 수용하고 게다가 규율을 유지하기 위해 결과적으로 감옥과 동일한 기술을 채택하게 되었다고 푸코는 생각한다. 즉 어딘가에서 전체를 조망하는 주체가 있어서 규율권력을 고안해내고 감옥과 학교와 병원 등에 응용했다는 것이 아니다. 다수의 인간을 수용해 관리하는 기술은 한정되어 있고 여기저기에서 채택된 결과 마치 규율 시스템이 일제히 만들어진 것 같은 모양새가 되었을 따름이다.

생-권력

이상에서 본 것처럼 《감시와 처벌》에서 푸코는 사람들의 신체를 조련하는 규율권력에 대해 논했다. 《성의 역사》 제1권에서 이것을 '인간 신체의 해부-정치(학)'라고, (원래 예정으로는) 전6권의 《성의 역사》에서 전개되는 논의에 대해 그것을 '생-정치(학)bio-politique'라고 부르고 있다. 푸코에 의하면 '생-정치(학)'는 국민이라는 무리 전체의 번식이나 출산율·건강 등을 증진시키는 것을 목적으로 하는 권력의 존재 방식과 다름없으며 18세기 중엽 유럽에서 확립되었다. 본래 이 시리즈에서 푸코가 '성적인 것sexuality', 즉 성을 둘러싼 여러 이론의 역사를 취급하게 된 것은 다음과 같은 이유에 기인한다. 인간의 성행동이 언제나 같은 관점에서 논해진 것은 아니다. 시대나 지역에 따라 인간을 둘러싼 이야기의 주변부로 쫓겨났었다. 그런데 기독교 성립 이후의 서양에서는 성행동이 그 인간의 인격에서 본질적인 의미를 가지는 것으로 간주되었고, 그 때문에 성행동에 대한 고백이 장려되고 고백에 의해 죄를 용서하는 시스템도 확립된 것이다. 정신분석학에 이르기까지

성에 대한 고백 시스템이 중시된 것은 왜일까. 푸코는 '목자=사제pasteur'가 무리 전체와 그것을 구성하는 개인의 생활에 책임을 진다는 생각이 유대교·기독교 세계의 전면에 등장하게 되면서 생물로서의 인간의 모습과 깊은 관계가 있는 성적인 영역에 대한 관심도 높아졌기 때문이라고 주장한다. 성행동의 양상에 따라 그 무리의 출생률이 영향을 받을 뿐만 아니라 건강상태도 달라진다. 또한 성행동은 개인의 신체 행동 방식에도 영향을 미친다. 이러한 의미에서 성적인 것이 '성-정치(학)'의 초점이 되었다. 구체적으로 예를 들면 공중위생의 관점에서 바람직한 성을 논함으로써 남녀관계나 부모 자식 관계에 권력이 작용했다는 것이다.

푸코는 이러한 관점을 도입시켜 다시 정치의 범주를 크게 넓힌다. 즉 전통적으로 정치이론에서는 고대 그리스 이래의 공/사 이분법에 의거해서 정치를 사적 영역과는 다른 공적 공간의 문제라고 생각해왔다. 이러한 이분법은 하나의 사고방식으로 충분히 성립된다. 그것뿐만 아니라 예를 들면 한나 아렌트Hannah Arendt와 같이 현대의 공/사 이분법의 의의를 강조할 수 있다. 현대는 너무 경제적인 것이 중요시되어 '노동하는 동물'로서의 인간관이 돌출되었기 때문에 그에 대한 해독제로서의 의미를 가질 수 있다. 그렇지만 공/사 이분법을 너무 도식적으로 유지하면 현실 세계의 다양한 문제점을 놓치게 될지도 모른다. 그 좋은 예가 성적인 것과 '성-권력'에 대한 논의의 위치다. 침실은 가장 사적인 공간이기 때문에 정치이론의 대상에서 무조건적으로 배제되기 쉬웠다. 그렇지만 만약 그곳에 매우 큰 권력이 작용하고 있다면 무시하는 것은 큰 위험을 동반한다.

게다가 푸코에 의하면 '성-권력'은 반드시 주권으로부터 나오는 것이 아니며 다른 어떠한 양자관계에 용이하게 환원될 수 있는 것도 아니다. 또한 예를 들면 경제결정론과 같이 일원적인 요인에서 나오는 것도 아니다. 이런 관점에서 푸코는 계급 간의 지배관계로 모든 것을 환원시키는 마르크스주의를 비판한다. 만약 '생-권력'이 지배계급의 음모라면 그것은 피지배계급에 우선적으로 영향을 미쳐야 한다. 하지만 푸코에 의하면 예를 들어 빅토리아 시대에 성에 대한 규제가 가장 심했던 것은 중산계급이었지 노동자계급은 아니었다.

주권과 시스템

이렇듯 푸코는 개별적인 역사기술을 통해 사회 안에 작용하는 권력의 상당 부분이 주권에 의한 일원적인 결정이나 특정 집단의 계속적인 결정으로 환원될 수 없음을 드러내려 했다. 이는 앞에서 제시했던 명제군 (5)로 귀결된다. 즉 주권이라는 특권적인 기점에 작용하는 것으로 권력 전체를 일거에 바꿀 수는 없다. 지구를 움직일 수 있는 아르키메데스의 점이란 없다. 전체적인 해방으로서의 혁명은 불가능하며 각각의 현장에서 작용하는 권력을 각각의 현장에서 문제제기를 하고 개별적으로 바꾸어가는 것 외에는 없다는 것이다. 이러한 생각은 당연히 전통적인 정치학의 입장에서 비판받아왔다. 만약 사회의 여러 장소에서 권력이 얼핏 따로따로 기능하는 것처럼 보여도 결국 그것은 주권과 같은 특권적인 결정에 의존하고 있다는 비판이다. 예를 들면 학교 안에서 학생이 무엇을 배우고 어떻게 행동할까라는 것은 국가 수준인 정부나 그 관할에 있는 자치체 정부에 의해 결정되는 것이 아닌가. 동일하게 공장 안에서 노동자가 가지는 권리 역시 법적으로 정해지기도 하고 행정적인 지도에 의해 좌우되는 것이 아닌가. 게다가 푸코는 권력에 대한 저항을 설명하고 있는데 애초 권력에 대한 저항이 어느 정도까지 허용되는가라는 것 자체가 국가 수준에서 결정하기 나름이지 않은가. 이른바 전체주의 체제라면 지역 현장에서 저항하는 것은 허용되지 않는다. 그러한 것이 가능하다면 푸코는 사실 자유주의의 유산을 밀수입하고 있는 것이 아닌가. 이러한 비판이 자유주의자로 자인하는 사람들로부터 가해졌다. 앞에서 본 것처럼 자유주의는 권력중심의 존재를 전제로 하는 이론이기 때문에 그것을 부정하는 생각에는 민감하게 반응하기 마련이다. 자유주의자 입장에서 본다면 푸코와 같이 제도화되지 않는 저항을 설명하는 것으로는 완전히 무력하게 되고, 결국은 (의도와 다르게) 일원적인 권력을 방임하는 결과가 된다. 권력을 감시하기 위해서는 다원적인 권력을 제도화하는 것 외에는 없다는 것이다. 이러한 대립에 대해서는 4장에서 다시 검토하려고 한다.

푸코의 이론에 대해서는 또 다른 유형의 비판이 있다. 혹여 푸코가 말하듯 주권이 사회 내의 권력을 통괄적으로 좌우하는 것이 아니더라도 푸코의 이론은 그 대신에 몇 가지 시스템이 모든 것을 결정짓는 것은 아닌가라는 악셀 호네트Axel Honneth의 비판이다. 호네트의 지적에 따르면 푸코는 규율권력이 감옥·병원 등 개별 장소에서 개별적으로 발생했다고 강조하고 있지만 그럼에도 불구하고 결국은 규율권력 현상이 보편적으로 나타난다는 일종의 일원론에 빠져 있다. 푸코는 사회적 권력이 시대를 초월해서 점점 더 확대해간다는 전망을 가지고 있다. 푸코는 "사회질서에 주어진 기준을 무시하고 사회 시스템의 권력 확대라는 역사 과정 전반을 연구의 본질로 삼고 있다"(Axel Honneth, 河上倫逸監 訳, 《権力の批判─批判的社会理論の新たな地平》, 法政大学出版局, 1992, 236쪽). 그 때문에 그는 《감시와 처벌》에서도 중세까지 거슬러 올라가 신체에 대한 훈육 기술의 기원을 찾는다. 그런데 만약 그러한 권력의 확대가 보편적으로 보이는 경향이라면 이번에는 왜 규율권력이 18세기 말 이후의 유럽이라는 특정 시간적·공간적인 지점에서 급속하게 퍼진 것인가라고 설명하기 곤란해진다. 그래서 푸코는 기술론으로 도망치려 한다. 즉 우연히 어떤 기술이 널리 이용된 것에 불과하다고 하여 각각 개별 권력을 통합하는 누군가의 의도가 작용한 것은 아니라고 각인시키려 했다. 그러나 결국에는 푸코도 다음의 의문을 피할 수 없다고 호네트는 말한다. 왜 어떤 기술이 어떤 시점에 매우 광범하게 이용되기 시작했는가라는 의문이다.

하지만 푸코는 여기에서 처음에는 고립돼 있던 훈육시설을 제도적으로 통합할 때 실제로 주도권을 쥔 사회집단을 명확하게 밝히지도, 행동 시스템의 그러한 네트워크화를 달성할 때 힘을 발휘한 사회적 제도를 특정하지도 않았다(Axel Honneth, 《権力の批判—批判的社会理論の新たな地平》, 244쪽).

그 대신 푸코는 18세기 인구 유동화의 결과로 감시되어야 할 사람이 늘어나고 생산장치 확대의 결과로 생산력의 확대가 필요하게 되었다는 이유를 든다. 그런데 이러한 생각이야말로 바로 구조결정론이 아닐까. 앞에서도 다룬 것처럼 푸코는 한편에서는 권력이 사회집단 사이의 권력관계로부터, 즉 아래로부터 온다고 말한다. 그러나 푸코는 규율권력론에서도 생-권력론에서도 구체적으로 어떠한 사회집단 사이에서 권력관계가 작용하고 있었는지에 대해서는 거의 말하고 있지 않다. 게다가 위에서 언급한 것처럼 마치 경제결정론 같은 발언까지 하고 있다. 다소 우여곡절이 있어도 결국 규율권력이 관철된다면, 권력의 존재 방식이 권력관계에 의존한다는 그의 이론은 형식적인 것으로 끝나버리는 것이 아닐까. 주체 없는 권력이라는 푸코의 이론은 사회시스템이 자기보존을 꾀한다는 일종의 시스템론이 되어버리는 것이 아닐까라는 것이다.

이러한 호네트의 비판은 중요한 논점을 포함하고 있다. 특히 푸코의 이론에 사회집단 간 권력관계의 추이에 대한 구체적인 기술이 빈약하다는 지적은 합당하다고 생각된다. 그러나 푸코적인 이론이 결정론이 된다는 이해에는 역시 의문이 든다. 이 점에 대해 젊은 시절의 푸코에게 영향을 주었고 그 후에도 교류가 있었던 루이 알튀세르Louis Pierre Althusser의 이론과 대비시키면서 간단히 서술하고자 한다. 알튀세르는 종래의 이른바 '정통파' 마르크스주의가 헤겔철학을 '비판'한다면서도 결국에는 동일한 일원론이 되어버렸다는 반성에서 출발했다. 즉 역사를 '정신'이라는 추상적인 주체의 전개 과정이라고 생각하는 헤겔주의에 대항하려고 했지만 이번에는 경제결정론이 되어버렸다는 것이다. 이러한 '마르크스주의자'들의 경향과는 별도로 마르크스 자신은 더욱 복잡한 역사적 시각을 가지고 있었으며 그러한 가능성을 계승해갈 수 있다는 것이 알튀세르의 도박이었다. 헤겔=마르크스 이래의 용어법에 따라 그도 사회 내에 어느 정도 고정화된 비대칭적인 관계를 '모순'이라고 부른다.

모순 자체는 그 핵심 내용에서 모순에 의해 영향을 받고, 동일한 하나의 운동 안에서 결정하는 것인 동시에 결정되며, 그 모순이 활동력을 주는 사회구성체의 다양한 수준과 다양한 판단에 의해 결정된다. 그 때문에 우리는 모순이 원리적으로 말해서 중층적으로 결정된다고 할수 있다(Louis Pierre Althusser, 河野健二・田村俶 訳, 《マルクスのために》, 平凡社ライブラリー, 1994, 165쪽).

즉 알튀세르는 다양한 비대칭적인 관계가 있고 그 안의 무언가가 일방적으로 다른 관계를 규정하게 되지는 않는다고 생각한다. 상호 이질적인 여러 '모순'은 상호 결부되는 것에 의해 어떤 큰 변화로 이어진다는 것이다.

이러한 생각 하에서 알튀세르는 경제적인 것이 모든 것을 규정한다는 경제결정론을 상대화시키고, 경제와 구별되는 정치적·문화적 영역으로서의 '상부구조'가 상대적인 자립성을 구비하고 있다는 이론을 전개했다. 이것은 마르크스주의 역사 속에서 하나의 특기할 만한 사건이었다. 나아가 그는 상부구조 내부에 대해서도 고찰을 더하여 레닌이 중시한 경찰·군대 같은 국가의 폭력적인 장치 부분보다 오히려 사람들의 생각을 어떤 방향으로 향하게 하기 위한 '이데올로기 장치' 부분 쪽이 중대한 의미를 가지고 있다고 논했다. 이러한 알튀세르의 이데올로기론은 안토니오 그람시 Antonio Gramsci의 계보를 잇는 것이지만 동시에 푸코의 작업과도 연결되는 것이다. 과거 가장 유력한 이데올로기 장치는 교회였지만 현재는 학교라는 그의 이론은 이러한 연관성을 보이고 있다.

그러나 알튀세르와 푸코 사이에는 이러한 접점에도 불구하고 중대한 입장 차이가 있다. 알튀세르는 위에서 본 것처럼 세상사가 중층적으로 결정되어 있다면서 상부구조가 상대적으로 자립적이라고 했지만, 그럼에도 불구하고 '최종판단에서는' 경제적인 생산관계가 결정한다는 대원칙을 양보하지 않았다. 따라서 그의 경우에 계급적인 관계는 다른 모든 관계에 우선하고 그것들을 규정하는 것이다. 반면 푸코의 경우에는 그렇지 않다. 확실히 18세기 말의 감시시스템 보급에 대한 설명에서 생산력을 언급하고 있긴 하지만, 그것이 역사를 통해 언제나 결정적인 요인이라고 말한 것은 아니다. 어디까지나 어떤 장소에서 어떤 시점에 일어난 사건에 대한 사후적인 설명에 지나지 않는다. 공간과 시간을 넘어서 보편적으로 타당한 '최후판단'을 가정할지가 양자를 구분 짓는 결정적인 지점이며 그러한 판결을 가정하지 않는 한 푸코적인 이론을 일원론이라고 할 수는 없을 것이다.

권력과 폭력

주체 간 관계로 권력을 생각하는 논의를 다시 한 번 상기해보자. A가 B에게 B가 원하지 않을 무언가를 하게 한다. 이러한 상황은 권총강도 같은 범죄와 매우 유사하다고 할 수 있다. 애당초 총이나 칼을 들이대고, 즉 폭력으로 협박하여 사람을 움직이는 것과 권력으로 사람을 움직이는 것을 구별할 수 있을까. 이 점이 양자 간 관계론으로서의 권력론에 언제나 따라다니는 의문이다. 이 점에서 바로 양자 간 관계론은 권력론과 권총강도를 혼동하게 되어 양자 간 관계론을 부정하고 동시에 폭력을 가하는 모든 영역을 권력론의 범위로부터 배제해버리는 것도 가능하다. 그러나 여기서는 그런 입장은 취하지 않고 양자 간 관계론적인 생각에 동조하여 다양한 권력 자원을 이용하면서 A가 B에 대해 권력을 행사한다는 전제를 수용해보기로 하자. 이미 제1부에서 말한 것처럼 양자 간 관계론적인 권력론을 완전히 무시하는 것은 사람들의 직관을 너무 따르는 것이고, 권력이 폭력과 가깝다는 생각도 단순한 착각으로 치부하기에는 뿌리가 너무 깊기 때문이다.

권력의 자원

우선 가장 전형적인 폭력으로서 총으로 위협당해 연행되는 경우를 생각해보자. 이 경우에는 그런 폭력을 당하는 쪽에게 선택의 여지가 거의 남아 있지 않다. 일단 가능한 한 저항하기도 하고 혀를 깨물고 죽을 수도 있지만 그러한 자멸적인 선택조차 막혀버리는 경우도 생길 수 있다. 폭력을 받는 B에게 선택의 여지가 거의 없을 수 있다는 것이다. 그러한 경우 폭력을 행사하는 A측은 B에 대해서 권력을 행사하고 있는 것일까. 권력을 정의함에 있어서 A의 의도의 실현을 중시하는 관점에서는 이러한 사례를 권력 범주로부터 배제시키기는 어렵다고 생각된다. A가 B에게 어떤 행위를 하려 할 때, A는 말로 B를 납득시키든지, 돈으로 B를 움직이는, 즉 후술하겠지만 덜 폭력적인 방법을 취하는 것도 가능하다. 그러한 방법으로 B를 움직여서 B에게 그러한 행위를 '자발적'으로 선택하게 하는 편이 도덕적으로 봐서 온당하고 미적으로도 훌륭하다고 할 수 있을 것이다. 그러나 만약 권력이 도덕적 또는 미적 가치기준과는 독립된 존재라고 한다면 조심성이 없다든지 보기 흉하다고 해서 바로 권력이 아니라고 말할 수는 없다. A는 돈을 사용하든 폭력을 사용하든 관계없이 B를 움직이면 자신의 의도를 실현시킬 수 있기 때문이다. 때문에 의도의 실현은 권력 존재의 충분조건이 아니고 B측에 선택의 여지가 있는가가 중요하다는 주장을 할 수 있을 것이다. 완력에 밀려 연행되는 경우 B에게는 전혀 판단할 여지가 없으며 총으로 위협받는 경우에도 거의 그런 여지는 없다. 그러한 경우에는 A는 B의 내면에 작용해서 그 의도에 역행하는 행동을 하도록 결심하게 한 것이 아니기 때문에 B에게 권력을 행사했다고는 할 수 없다는 생각이다.

이러한 생각은 양자 간 관계론을 취하면서도 노골적인 폭력은 권력 범위에서 제외시킨다는 것이며 그 자체는 나름대로 타당해 보인다. 그러나 B의 선택의 자유라는 것을 조금 더 자세하게 보면 상당히 어려운 문제가 존재한다. 즉 가장 전형적인 권력이라고 인식되어온 국가권력 자체가 명백하게 폭력을 동반하고 있기 때문이다. 예를 들면 법질서 아래에서는 범죄자를 체포할 때 경찰관이 일정 범위 안에서 폭력을 행사하는 것이 인정되며 감금형이 폭력적이라는 점은 두말할 필요가 없을 것이다. 일본을 포함해서 사형이 실시되는 곳도 있다. 이러한 법과 관계된 폭력을 전혀 권력과 상관없다고 해버리는 것은 권력론으로서 타당하지 않을 것이다. 이 문제에 대해 일반적으로 국가폭력은 특별시하는 대응을 취해왔다. 즉 국가가 체포하거나 살인하는 것은 그 외의 주체가 동일한 행위를 하는 것과는 본질적으로 다른 현상이며 동등하게 논할 수 없다는 주장이다. 그러한 전제를 인정해버린다면 법적인 폭력을 일종의 권력 작용(공권력)으로서 권력 영역에 포함시키면서도 다른 종류의 폭력은 권력 범위에서 배제시키는 구분이 가능하게 될 것이다. 그러나 이른바 이러한 이중적인 기준을 도입함으로써 국가권력은 그 폭력성을 불문에 붙인 채 권력 개념의 중심에서 계속 군림하는 기묘한 사태가 생겼다고 할 수 있다. 이러한 법과 폭력의 문제에 대해서는 3장에서 다시 생각해보기로 하자.

이상과 같은 이른바 노골적인 폭력 다음으로 돈이라는 권력 자원을 거론할 수 있을 것이다. A는 돈의 '위력을 발휘함'으로서 B를 움직일 수 있다. 이러한 경우 A와 B 사이의 관계는 권력관계일까. 이것은 시장을 전제로 하는 자유주의자와 마르크스주의자 사이에서 의견이 나뉘는 지점이다. 전자의 입장에서 일반적인 재화의 매매나 노동계약은, A와 B가 서로 납득한 후에 등가교환하고 있기 때문에 그곳에 존재하는 것은 자유로운 주체 간의 대칭적인 관계이며 강제적인 권력은 아니게 될 것이다. 여기에 대해 마르크스주의자의 입장에서는, 언뜻 보기에 등가교환이라 할지라도 실제로 그것은 A에 의한 B로부터의 착취를 동반하는 부등가교환이며, 따라서 A가 B에게 강제 노동을 시키는 것과 다르지 않다. 여기에서 큰 문제는 어느 쪽의 견해가 타당한가를 가볍게 말할 수 없으며 원래는 상황에 따라 달라질 것이라는 점이다. 어느 정도 생활이 안정된 주체 사이에서 돈이 관련된 교환관계라도 그것이 곧 비대칭적인 것이 되지 않을지도 모른다. 그러나 그 돈을 받을지 아닐지가 B의 생사가 걸린 상황에서는 총으로 협박받는 것과

같은 절실함이 존재할 가능성이 있다. 주지하는 바와 같이 하이에크Friedrich August von Hayek는 시장거래가 자유로운 관계라는 것을 강조했다. 그가 중시하는 자유는 양자 간 관계적인 권력의 결여, 즉 A의 B에 대한 명령이 존재하지 않는 것을 의미한다. A에게 명령받을 때 B는 자유를 침해당한다. 그런데 시장에서 A와 B 사이에 교환이 이루어질 경우 그 교환은 일반적으로 양자의 동의 아래에서 이루어지고 따라서 자유로운 행위라는 것이다. 그런데 이러한 하이에크조차도 예외적으로 타인의 행위가 '나의 생존을 좌우하는' 경우에는, 비록 외형적으로는 자유로운 교환이라 할지라도 강제를 동반하고 있을지 모른다고 인정한다(ノーマン·P·バリー, 矢島鈞次 訳,《ハイエクの社会·経済哲学》, 春秋社, 1984, 95쪽 이하를 참조). 구체적으로 말하면 사막의 여행자가 오아시스에서 물을 독점하는 업자에게 물을 사지 않으면 안 되는 경우를 들 수 있다. 그런 경우에는 사지 않는다는 선택이 바로 죽음을 의미하기 때문에 선택을 강요받는 B는 총으로 위협받는 것과 큰 차이가 없기 때문이다. 하이에크는 이런 예는 극히 예외적인 경우에 불과하며 인간 사이의 교환관계의 대부분은 자유로운 것이라고 생각하고 있는 듯하다. 그러나 이렇듯 시장에서조차도 비대칭성이 존재하고 있다는 하이에크의 지적은 그의 이론 체계에서 중요한 의미를 가진다고 하지 않을 수 없다. 노동자에게 노동력을 팔지 않을 자유가 있는가라는 마르크스주의에 의한 문제제기를 선뜻 물리치기 어렵기 때문이다.

마지막으로 A가 B를 언어를 사용해서 움직이는 것에 대해 검토해보자. 두말할 필요도 없이 이 방법은 폭력과는 가장 먼 것으로 여겨졌고, 그렇기 때문에 권력의 가장 무해한 형태이며 좋은 의미로의 권력이 기능하는 형태라고 생각되어왔다. 고대 그리스에서 시민 사이의 언어를 매개로 한 비대칭적 정치 경험이 이념화되는 것은 이러한 맥락에서다. 현대에는 하버마스Jürgen Habermas로 대표되는 사람들이 주체 간의 언어적인 커뮤니케이션에 의한 합의 형성을 매우 극단적으로 평가하고 있는 점은 주지하는 바와 같다. 언어를 매개로 한 질서 형성만이 본래의 정치이며 폭력 같은 것이 관계하는 것은 정치라고 할 수 없다고 한 논의도, 나중에 언급되는 아렌트의 권력론뿐만 아니라 정치철학자들 사이에서 일반적으로 보인다. 그렇지만 A가 B를 오로지 언어로만 움직인다는 것은 어떤 상황일까. 일단 생각하기 시작하면 그리 간단한 문제가 아니다. 일반적으로 표면상 말로 설득하고 있는 것처럼 보여도 실제로는 배후에 돈이나 권력 같은 다른 권력 자원이 작용하고 있을 가능성이 많기 때문이다.

예를 들면 직장상사 A가 '이번 주말에 이사를 도와주면 참 고맙겠는데……'라고 말하고, B가 '물론 당연히 도와드려야죠. 힘쓰는 일이라면 자신 있어요……'라고 대답했을 경우, B가 말하고 있는 것이 진심이라고 받아들일 사람은 적을 것이다. 그러나 B가 정말로 기분 좋게 받아들였을 가능성을 전면적으로 부정하는 것도 불가능하다. 비슷한 예로 직장상사인 A가 '이번 주말에 파티에 와줬

으면 좋겠는데……' 라고 말하고 B가 '물론 갈 거예요. 파티를 좋아해요……' 라고 대답했을 경우에는 좀 더 판단이 어렵게 된다. 애초에 제3자에 의한 판단은 거의 불가능할 것이다. 파티의 성격, 그 파티에서 B에게 기대되는 역할, B의 기호, 그리고 A와 B의 일상적인 관계 등 모든 것을 알지 못하면 뭐라고 말할 수 없다. 뿐만 아니라 당사자들로서도 그러한 사정을 완전하게 알고 있다고는 할 수 없을 것이다. B는 이러저러한 이유로 A에게 협박당하고 있다고 생각하여 행동을 바꾸었을지도 모른다. A의 기분을 상하게 하면 보너스 산정에 영향을 주기도 하고 출세가 늦어질 수도 있다. 만약 B가 그렇게 생각한다면 A가 권총으로 협박하는 것과 그다지 사정은 다르지 않다. 오히려 별로 만날 기회가 없는 권총강도나 비밀경찰보다 상사 A쪽이 더 폭력적인 존재로서 의식될 수도 있을 것이다. A가 성격이 매우 온화한 신사이며 말도 매우 부드럽고 사소한 일로 인사를 농단하는 그런 인물이 아니더라도, B로서는 A의 말에 대항하기 힘든 경우가 있다. 이렇게 생각해보면 목에 끈을 매서 끄는 것이 가장 자유를 막는 것이고 말로 이성적으로 설득하면 가장 자유로운 판단을 가능하게 한다고 간단하게 말할 수 없다는 사실을 알게 될 것이다.

이미 언급한 것처럼 마르크스주의는 사회 안에 존재하는 비대칭적인 관계를 심각하게 받아들여왔기 때문에 얼핏 보기엔 평온한 커뮤니케이션의 배후에 존재하는 폭력에도 주목해왔다. 그 때문에 '정통파' 마르크스주의 이론에서는 모든 비대칭적인 관계가 소실된 '해방 후' 의 사회가 어떠하든, 그 전의 자본주의 사회에서는 일반적으로 언어라는 것이 '허위의식' 으로서의 이데올로기성을 띠며 지배계급의 음모에 가담하기 쉽다고 인식되어왔다. 이러한 경향에 대해 그람시로부터 알튀세르를 거쳐 에르네스토 라클라우Ernesto Laclau에 이르는 흐름이 마르크스주의 내부에서 이데올로기의 적극적인 기능을 찾아내게 된 것은 주목할 만하다. '정통파' 마르크스주의에서는 경제(하부구조)가 정치 같은 상부구조를 규정한다는 경제결정론적인 입장을 취했지만, 이 점에 대해 그람시는 오히려 상부구조가 하부구조를 규정한다는 생각을 드러낸다. 나아가 그람시는 상부구조의 이미지를 크게 바꾼다. 그전까지 상부구조라는 것은 최종적으로는 주권적인 국가에 귀착해서 국가라는 지배계급의 이익을 지키기 위한 폭력적인 장치라는 레닌의 생각이 일반적이었다. 이 점에 대해 그람시는 정치주의를 '강제라는 갑옷을 입은 헤게모니' 로 보려고 한다. 여기서 그람시가 말하는 헤게모니는 이 책에서 쓴 용어로는 사람들을 움직이는 권력 자원으로서의 언어다. 사람들은 경찰이나 군대의 폭력적인 권력에 의해서만 움직이는 것이 아니라 언어에 의해서도 움직인다. 아니, 언어야말로 결정적 수단이라는 것이 그람시의 통찰이었다. 어떠한 정치이론을 제시할 수 있는가로 인해 사람들의 지지를 얻을 수도 있고 잃기도 한다. 이러한 이데올로기를 둘러싼 싸움을 그람시는 '진지전' 이라는 인상 깊은 이름으로 불렀는데, 그다지 적절한 이름이라고는 할 수 없다. 진지전이라는 것은 일반적으로 지배 지역을 얼마만큼 확장할 수 있는가라는 지리적인 싸움을 떠올리게 하지만, 그람시가 말하는 '진지전'은 오히려 언어적인 커뮤니케이션에 의해 다수파를 형성하는 주체 형성을 둘러싼 싸움이기 때문이다. 그전까지 마르크스주의가 계급에 의해 사람들이 특정 정치적 입장에 필연적으로 결합해가는 형태로, 정치적 아이덴티티의 '본질주의'적 입장을 취하고 있었던 데 비해, 그람시는 정치적인 아이덴티티 형성 그 자체를 정치화했다고 말해도 좋을 것이다. 이러한 생각은 국가에는 폭력적인 장치 이외에 문화적인 장치도 있다는 알튀세르의 '국가이데올로기 장치' 개념으로 계승되고, 더 나아가서 라클라우의 '분절화articulation'로서의 정치라는 생각으로까지 이어진다(이 문제는 4장에서 고찰할 것이다).

폭력과 권력공간

위에서 검토해온 것처럼 양자 간 관계론에 입각하는 한 권력과 폭력은 상당히 밀접한 관계가 있다. 주체 A는 언어로 B를 움직일 경우도 있지만, 돈으로 움직일 경우도 있으며, 필요하다면 폭력에 기대어 움직이게 한다. B가 폭력에 의해 움직이는 경우는 당연히 본의에 의한 움직임이 아니며, 금전적인 관계가 폭력에 가까운 것으로 받아들여지는 경우도 있고, 언어가 폭력을 감추고 있는 경우도 있다. 물론 이것은 어떠한 권력 자원을 사용해도 동일하다는 뜻은 아니다. 노골적인 폭력에 기대기보다 언어에 기대는 편이 낫다는 가치관도 충분히 성립되지만, 양자 간 관계론에 입각하는 한 권력과 폭력 사이에 확실한 경계선을 긋는 것은 어려워 보인다.

현대에 이러한 생각에 대해 가장 철저하게 비판한 사람이 아렌트다. 아렌트에 의하면 권력과 폭력은 단순히 상이한 것이라기보다 양립하기 힘든 것이다.

> 현재 사용되는 전문용어에서 '권력power', '힘strength', '강제력force', '권위authority', 나아가서는 '폭력violence'이라는, 완전히 다른 기본용어 사이에 구별이 없는 것은 현재 정치학의 빈곤을 반영하는 것이 아닌가 라고 생각한다(Hannah Arendt, 高野フミ 訳, 《暴力について》, みすず書房, 1973, 126쪽).

아렌트가 생각하는 권력은 '타인과 협력해서 행동하는 인간의 능력에 대응하는' 것으로, 사람들이 '어떤 그룹에 속해서 그 그룹이 집단으로 존속하는 동안 한시적으로 존재하는' 것이다. 이러한 생각은 틀림없이 인간 행위 유형에 대한 아렌트의 이론을 배경으로 한다. 즉 생물로서의 인간 생활을 유지하기 위한 '노동', 인간을 둘러싼 인공적인 환경을 만들어내는 '일', 그리고 복수의 인간이 행하는 자발적인 공동행위로서의 '활동'이라는 유형론이다. 이 가운데 고대 그리스의 정치를 모델로 하는 '활동'이 아렌트가 말하는 권력과 밀접한 관계가 있다. 여기에 대해 비대칭적·폭력적인 관계는 노동에 가까운 '도구적'인 관계, 즉 인간이 자연계에 작용하는 것과 같은 방법으로 다른 인간에게 작용하는 행위와 관계가 있을 것이다. 그리고 고대 그리스에서 폴리스라는 장소에서의 시민 간 언어를 매개로 한 관계가 공적 관계로, 다른 한편으로 가족 공동체에서의 생산을 둘러싼 관계가 사적 관계로 여겨졌던 것의 연장선상에서, 권력과 폭력의 대비는 아렌트로서는 공적인 것과 사적인 것의 대비를 의미하게 될 것이다. 아렌트가 너무나 시대착오적인 이러한 공/사 분류를 일부러 도입한 것에는 당연히 나름의 이유가 있다. 아렌트에 의하면 이미 로마시대에 '사회'(소키에타스 Societas)라는 개념의 성립과 함께 경제적인 것이 언어 관계로서의 정치에 깊숙이 침투하게 되었지만 그러한 경향이 근대에 더욱더 진전되었다. 인간은 오로지 '노동하는 동물'로 여겨져서 언어의 역할이 많이 사라졌다. 이러한 경향은 기술적인 이성을 극한까지 추구하는 현대에 이르면 종착역에 도착해버린다. 이 점에 대해 아렌트는 잃어버린 공적인 부분의 복권을 기획한다. 바야흐로 20세기에 범람한 비대칭적·폭력적인 관계와는 근본적으로 다른, 일종의 공동체적인 공간의 가능성을 나타내려고 한 것이다.

그러나 이렇게 정치/경제, 권력/폭력, 공/사라는 일련의 이분법을 도입하는 데는 당연히 그만한 위험을 동반한다. 정치를 경제로부터 분리하는, 즉 금전적인 이익과는 다른 곳에서 정치의 본질을 전제로 하는 것이 가능하다는 생각은, 예를 들면 '정치적인 것의 개념'을 둘러싼 칼 슈미트의 이론과 미묘하게 근접하게 될 것이다. 도덕적인 선악이나 아름답고 추하다는 것으로부터 독립된 영역으로서 '친구—적' 관계로서의 정치를 생각하려고 한 사람이 슈미트다. '친구—적' 관계는 '그들'과 다른 '우리'라는 집합적인 주체를 만드는 주체 형성 권력에 의존한다. 아렌트가 말한 이른바 활동이, 특정 '우리'만이 참가할 수 있는 폐쇄적인 것인가라는 것은 아렌트와 공화주의에 대한 문제라는 주제로 다음 장에서 다룰 것이다. 물론 아렌트와 슈미트에게는 (나치에 대한 태도뿐만 아니라) 다양한 차이가 있다는 것을 부정하지 않지만 경제결정론을 증오한 나머지 경제적인 것에 오염되지 않은 순수한 정치라는 것을 믿으려 했던 점에서 둘은 근접하고 있는 것처럼 보인다. 만약 정치의 순수성을 너무 추구하면 경제적인 동기 부여나 폭력적인 경위 같은 우리 생활의 상당 부분을 움직이고 있는 요인들을 모두 정치의 밖으로 내몰아버림으로써 정치적인 이론의 범위를 축소시키는 결과에 이르게 될지도 모른다. 이와 관련해서 공/사라는 이분론의 도입이 예를 들면 가정에서의 권력의 문제, 성적인 권력의 소재에 대해 눈을 감는 결과를 초래한 것을 부정할 수 없을 듯하다. 이 점은 이미 페미니즘 등의 입장에서 비판이 이루어졌다.

　나아가 권력과 폭력을 준별하는 이론이 지나치게 강조되면 폐해가 생긴다. 실제로는 어디에서나 비대칭적인 관계가 존재하는데, 그러한 요소를 권력론으로부터 사상捨象시키고 공동적인 측면만 주목하게 되기 때문이다. 하버마스가 말하길 아렌트는

모든 전략적 요소를 '강제력'이라며 정치에서 지워버렸고, 행정조직을 매개로 하여 깊게 편입되어 있는 경제적·사회적 환경과의 관련으로부터 정치를 떼어냄으로써, 그 결과 그녀는 구조적 폭력의 제현상을 파악할 수 없다(Jurgen Habermas, 小牧治·村上隆夫 訳,《哲学的·政治的プロフィール》上, 未来社, 1984, 341쪽).

루크스도 아렌트에게는 '권력의 대립국면─즉 권력이 사람들 '에게' 행사되는 사실─이 그 시야에서 완전히 자취를 감추어버린다'고 말한다(Steven Lukes,《現代権力論批判》, 52~53쪽). 아렌트가 전체 저작 활동에서 그런 전략적·분쟁적인 요소에 대해 생각하지 않은 것은 아니겠지만, 앞에서 언급한 이유로 권력론에서 폭력과의 대비를 강조하지 않으면 안 되었을 것이다.

그렇지만 다른 한편으로 아렌트의 이론은 위와 같은 문제점에도 불구하고 중요한 지적을 포함하고 있다. 일반적으로 권력론이 양자 간의 비대칭성에 시선을 빼앗겨 그러한 비대칭적 관계 중에서도 가장 심각한 폭력적인 관계에 주목한 나머지 양자를 연결시키는 것을 무시해왔음을 깨닫게 해준 점이다. 다시 한 번 상사와 부하 사이의 관계를 생각해보자. 확실히 여러 국면에서 양자 사이에 비대칭적인 관계가 생길 것이다. 그러나 그렇다면 부하는 왜 그 상사 밑에 머물러 있는 것일까. 때려치우고 어딘가에 가버리는 선택이 있음에도 불구하고……. 물론 거기에는 이미 본 것처럼 금전적인 관계를 비롯해서 다양한 관계가 개입되어 있을 수 있고,

어떠한 경우에도 일단 확립된 인간관계를 끊어버린다는 선택이 쉬운 것은 아니다. 그러나 B에게 A 밑에 있을 어떤 이점도 없다면 B는 어떻게 해서든 관계를 끊을 것이다. B가 관계를 유지하고 있는 것은 적어도 관계를 끊기보다는 유지하는 편이 유리하다고 판단하고 있기 때문은 아닐까. 그런 의미에서 B는 A와의 관계를 지탱하는 측면이 있는 것이다. B의 지탱 없이 양자 관계를 유지하는 것은 매우 어렵다.

그리고 그것은 '정통파' 마르크스주의에서 폭력장치라고 불러온 조직에 대해서조차 말할 수 있다. 경찰이나 군대는 확실히 폭력을 사용하는 조직이다. 그리고 상명하달적인 조직으로 상사의 명령을 거스르는 것은 매우 엄격하게 금지되어 있기 때문에 그러한 조직은 기계와 같은 이미지를 가지는 경우가 많다. 그렇지만 실제 조직이 기능하는 것은 구성원이 행동하기 나름으로, 상사 A의 의지에 부하 B가 거스르는 것은 이론적으로 언제나 가능하다. 따라서 명령에 따르는 것에 어떠한 동기부여도 없는, 명령에 저항하는 구성원이 일정 비율을 넘기면 조직은 기능하지 못하게 되어버릴 것이다. 구소련이나 동구권의 붕괴는 이러한 맥락을 고려해야 비로소 이해되는 사건이었을 것이라는 생각이 든다. 거대한 군대나 비밀경찰을 가지고 있었던 체제가 그 정도로 쉽게 붕괴될 것이라고 어떠한 전문가도 예상하지 못한 것이었다. 모든 권력이 국가권력에 수렴되어 국가권력이 폭력장치에 의해 유지된다면, 그런 권력 공간이 와해된다는 것은 있을 수 없었다. 그렇지만 인간

조직은 그것을 지탱하는 개개의 인간들의 의지에 의해 유지되어야 비로소 기능하는 것이다. 원래 이것은 사람들이 어떤 조직에 대해서도 언제라도 저항해야 한다거나 언제라도 저항할 수 있다는 것은 아니다. 사람들은 다양한 이유로 그 권력 공간을 유지시키는 측면이 있으며 그것을 일률적으로 좋다거나 나쁘다고 할 수는 없다. 그렇지만 사람들의 행동이 변하는 것은 충분히 있을 수 있고, 그것은 경제적인 동기부여의 변화에 의해서도 일어나며, 그람시가 말하는 진지전에 의해서도 일어날 수 있다.

> 사람들이 명령에 복종하지 않는 경우 폭력 수단은 도움이 되지 않는다. 그리고 복종의 문제는 명령—복종 관계에 의해 정해지는 것이 아니며 의견에 의해 정해지는 것으로, 그 때문에 두말할 필요도 없이 그 의견에 동조하는 사람의 수로 결정되는 것이다. 모든 것은 폭력 뒤에 있는 권력과 관계되어 있다(Hannah Arendt, 《暴力について》, 131쪽).

이렇게 말할 때 아렌트가 생각하는 것은 헝가리혁명 당시 침공하는 소비에트군 앞에 헝가리군 일부가 민중 측에 가담한 사태다. 양자 간의 비대칭적인 관계에서도 그것이 유지되기 위해서는 그 전제로서 미리 양자를 포함한 사람들 사이에 관계의 묶음인 일종의 공간의 성립이 필요하다. 그것은 폭력이 충만한 공간일지도 모르고 돈이 끊겨버리면 인연이 끊기는 공간일지도 모른다. 순수하게 언어적인 의미 작용의 공간이라는 것도 상상하기 어렵지만 불가능하다고는 할 수 없다. 대부분의 경우에는 이러한 다양한 요소가 복잡하게 서로 얽혀 있을 것이다. 요컨대 거기에는 단순한 비대칭적 관계만이 아니라 '우선 지금은 이 권력을 유지할 수밖에 없다'라는, 소극적이지만 어떤 식이든 협동적인 관계가 존재하는 것이다. 그런 의미에서 폭력의 뒤에 권력이 있다는 아렌트의 통찰은 옳지만 또한 단편적이며 아무리 언어적으로 보이는 권력의 뒤에도 폭력이 존재한다는 측면을 잊어서는 안 된다.

양자관계론과 아렌트의 이론이 반드시 모순되는 것은 아니며 상호보완적인 것이라고 할 수 있다. 권력이 작용하기 위해서는 권력 공간이라는 것이 성립될 필요가 있으며 그것을 위해서는 관계자 사이에 그 나름의 안정적인 관계가 요청된다. 그러나 일단 그러한 관계가 성립된 뒤에도, 어떠한 양자 사이라도 비대칭적인 관계가 작용해야 하며 그런 의미에서 권력은 폭력성을 완전히 불식시킬 수는 없다. 다음 장에서는 이 두 가지 측면 사이의 관계를 더욱 상세히 고찰해보고자 한다.

만드는 권력과 만들어진 권력

권력에 대해 생각할 때 비대칭성의 계기를 무시할 수 없지만 동시에 권력 공간을 공유하는 측면이 있는 것도 부정할 수 없다. 즉 교섭이나 전략이 확산되는 가운데 어느 정도의 지속적인 관계가 유지된다. 이러한 권력 공간은 어떻게 형성되고 유지되는 것일까.

계약설

설명 방법의 하나는 법학적인 것, 즉 주체 간의 계약에 의해 질서가 형성된다는 계약설적인 생각일 것이다. 홉스적인 이론에 의하면 사실상의 힘 관계만이 기능하는 자연상태에서는 살인이나 강도가 횡행하고 인생은 잔혹하며 짧고 어두운 것이다. 그곳에서는 스스로의 신체와 생활을 유지하는 인간의 궁극적인 목표를 실현하기 위한 방법이 각각의 판단에 맡겨져 있기 때문에 자신만 좋다면 무엇을 해도 좋다는 방종적인 행동을 낳기 때문이다. 그래서 사람들은 자발적인 계약에 의해 주권을 확립한다. 즉 최종적인 결정 권한을 가진 주체를 확립해서 사람들의 자의적인 판단을 막고 질서를 만들어낸다는 것이다. 이러한 생각은 몇 가지 특징을 가지고 있다. 우선 그곳에서는 규칙이 매우 중시된다. 규칙의 존재가 인간의 행동을 좌우하는 근거가 될 수 있다는 발상이다. 다음으로 규칙을 만들기 위한 절차로서 주체 간의 자유로운 계약을 전제로 한다. 즉 계약의 주체가 이미 확립되어 있고 그리고 주체 간에 이루어지는 계약은 자유로운 것(강제적인 것이 아닌)으로 생각되는 것이다.

우선 첫 번째 지적한 점을 말하자면, 홉스의 이론에서는 사람들이 사회계약을 하고 난 후에 주권자의 명령에 절대적으로 따르는 것은 자기 자신이 그러한 질서 확립에 일단은 동의했기 때문이다. 그렇지만 만약 질서 확립에 일반적으로 동의했다고 하더라도 각각의 구체적인 명령에 따를지는 별개의 문제가 아닐까. 홉스주의자들은 의도적으로 이 차이에 대해 침묵한다. 그 결과로서 그들의 이론에서는 일단 질서가 확립되어버리면 그 내부에서는 전략적 관계의 여지가 모두 사라지며 주권자 A로부터 다른 주체 B에 대한 명령관계가 고정되게 된다. 이러한 생각은 내전을 경험함으로써 안정된 질서 확립을 지상명령으로 생각했던 홉스에게는 필요했을지 모르지만 충분한 설득력을 갖지 못한다. 만약 동의만이 B

를 규제한다(폭력 등 그 이외의 요인이 없다)고 가정하면 B는 A의 각각의 명령에 대해 반항할 가능성을 잃었다고는 생각할 수 없다. 단순히 일종의 법적인 설득, 즉 자기가 동의한 규칙을 존중해야 한다는 설득을 당하고 있을 뿐이다. 물론 규칙이 완전히 무력하다고 말할 수 없다. 법의 지배가 성립할지는 법을 자발적으로 지키는 사람들의 의식에 크게 의존한다. 그러나 그러한 규칙의 공유만이 인간을 움직이는 상태라는 것은 상상하기 어렵다. 여기에서 홉스의 이론도 법적인 설명은 대외적인 것이며 사실은 그 배후에 폭력에 의한 담보가 숨어 있는 것은 아닌가라는 의문이 싹튼다. 홉스는 계약설의 배후에 실력설, 즉 주권자가 경찰력 같은 폭력장치를 독점함으로써 질서를 유지한다는 이론을 숨기고 있는 것은 아닐까. 그렇다면 일단 질서가 성립한 후 모든 힘 관계가 소실된다는 그의 프로젝트는 결국 파탄이 나버린다고 하지 않을 수 없다. B가 A의 명령에 따르는 것은 일단 계약을 맺고 있기 때문만이 아니고, 현재 그를 협박하고 있는 폭력 때문이라는 것이 되어버리기 때문이다.

다음으로 계약 주체에 대해 살펴보면 본래 그것이 어떻게 생겨났는지는 계약설 이론에서 그다지 문제가 되지 않는다. 예를 들면 홉스의 이론에서 자연상태일 때 자기보존을 위해 수단을 가리지 않았던 사람들이 그 후 왜 갑자기 계약을 준수하는 주체로 변하는가는 의문으로 남아 있다. 과거의 이론가뿐만 아니라 20세기 후반의 존 롤스John Rawls의 이론에서도 주체 형성을 둘러싼 권력이 관심 밖에 놓여 있었던 것을 생각해보면, 이것은 계약설 같은 이론 구성에 언제나 따라다니는 경향일지도 모른다. 이 문제를 해결하기 위해서는 두 가지 길밖에 없을 것이다. 하나는 계약에 앞서 주체화 권력이 작용하여 주체가 만들어졌다고 인정하는 것, 또 하나는 계약에는 실효성이 희박하고 계약 이외의 무언가 다른 것에 의해 질서가 유지되고 있다고 생각하는 것이다. 후자는 앞에서 본 실력설과 연결되지만 전자는 뒤에서 언급하듯 공화주의적인 생각을 새로이 열게 될 것이다.

나아가 만약 주체가 계약을 했다고 해도 계약은 자발적으로 이루어졌는가가 문제가 된다. 거기에는 어떠한 강제가 작용하고 있었던 것은 아닐까. 이러한 의문을 뒷받침하는 기술은 실제로 홉스의 저작 중에도 발견된다.

다수의 사람이 동의하고 주권을 선언한 이상 반대한 사람도 다른 사람들에게 동의하지 않으면 안 된다. …… 그는 이 집회(사회계약을 위한 집회)에 속하는지 아닌지에 관계없이 또한 동의가 요구되던지 아니던지 관계없이, 법령을 따를 것인가 이전의 전쟁상태에 머물 것인가라는 이 두 가지밖에 없다. 후자의 경우 그는 어떤 사람에 의해 살해될지도 모르지만 그렇더라도 그것은 부정했다고는 말할 수 없는 것이다(Thomas Hobbes, 永井道雄·宗片邦義 訳,《リヴァイアサン》第18章, 世界の名著 28, 中央公論社, 1979, 200쪽).

이것은 곧 구성원이 모두 한번은 자발적으로 동의했다는, 그의 이론의 가장 중요한 전제를 흔들지도 모르는 기술이다. 여기에 묘사되고 있는 메커니즘, 즉 권력 공간이 일단 어떤 장소에서 성립되면 마치 회오리 같이 주위의 사람을 휩쓸고 간다는 것은 충분히 상상할 수 있다. 즉 어떤 범위의 사람들이 협동하기 시작하면 마침 그 부근에 있던 사람들은 단순한 국외자일 수가 없게 되어버린다. 자신도 거기에 참가할 것인가 그게 아니라면 질서에 편입되지 않은 잠재적인 적으로 여겨져 살해당할 것인가라는 양자택일을 강요받게 된다. 바로 칼 슈미트가 말한 바와 같이 아군이 아닌 사람은 섬멸해야 할 적이 되는 것이다. 국가 시스템은 이러한 경과를 거쳐서 성립해가는 것은 아닐까. 그러한 시스템에서 배제된 사람들이 난민·무국적자로서 어떠한 고난을 겪었는지는 바로 20세기의 역사가 증명하고 있다.

그래도 위에서 인용한 홉스의 이론은 '다수'에 대해서는 집회가 확실히 이루어지고 그곳에서 동의를 얻었다는 전제까지는 버리지 않는다. 하지만 그러한 전제조차 충족되지 않는 사태, 즉 폭력적으로 질서가 구성되는 사태 또한 실제로 많은 것은 아닐까. 홉스는 그러한 사태가 정복에 의한 국가 설립의 예라면서 계약에 의한 국가와 별도로 논하고 있는데 실제 역사에서 오히려 정복 같은 폭력적 경위 쪽이 일반적인 것이 아닐까. 그래서 홉스 이후의 근대 정치이론은 사회계약론적인 구성을 전면에 세움으로써 국가 성립의 폭력성을 은폐시키는 결과를 초래한 것은 아닐까.

공화주의

　본질적으로 이기적인 인간들이 계약을 맺어 권력공간을 만든다는 생각에 설득력이 없다고 느끼는 사람들은 대부분 공화주의로 향한다. 그렇지만 공화주의는 다의적이고 복잡한 개념이며 일반적으로 군주제와 같이 한 사람의 주권자에 의한 지배와 대립하여 인민주권론에 가깝다는 이미지가 있지만 역사상 국왕의 존재를 허용하는 공화주의론 또한 존재한다. 영국처럼 조금씩 국왕으로부터 권력을 뺏어온 곳에서는 언제 군주제에서 사실상의 인민주권으로 이행했는지 경계가 확실하지 않기 때문이다. 공화주의를 특징짓는 것은 권력주체의 숫자보다 오히려 '덕德(virtue)', 즉 주체의 도덕적인 능력의 공유를 중시한다고 볼 수 있다. 즉 홉스적으로 '자기보존이라는 목적을 둘러싼 사람들의 해석은 다양하며 보편성이 없다'는 전제에서 출발하는 것이 아니라 각각의 공동체에서 기본적인 가치관이 공유되고 있다는 것이다. 이러한 생각은 이른바 르네상스기의 이탈리아에서, 고대 그리스 로마 사상의 영향으로 고대에 한번은 존재한(했다고 여겨지는) 비대칭적인 공화정체의 부흥을 지향하는 사상으로서 성립했다. 공민적 휴머니즘civic humanism이라는 이러한 공화주의적인 사상이 영국의 제임스 해링턴James Harrington 등에게 계승되었고 미합중국의 건국에 큰 영향을 주었다는 존 포콕John Greville Agard Pocock의 명제는 사상사 분야에서 지금도 중시되고 있다. 최근에는 롤스의 계약론적인 구성에 만족하지 않는 사람들이 일련의 공화주의적인 이론을 전개해서 공산사회주의자communitarian라고 불리는 경우도 있다.

공화주의자들은 권력 공간을 성립시켜 유지되기 위한 조건에 대해 계약론적인 구성을 취하는 사람들(그들은 자유주의자라고 불리곤 한다)과는 다른 접근법을 취한다. 즉 자유주의자는 개인의 내면에 직접 작용하는 것을 극력 피하고 그곳에 있는 주체가 모여 사전에 어떤 최소한의 규칙에 합의한다는 논법을 취하지만, 반면 공화주의자는 개인의 내면이 주체화 권력의 소산임을 순순히 인정하라고 요구한다. 공화주의적 생각에 의하면 자유주의는 홉스에게 전형적으로 보이는 것처럼 상대주의로 출발해서 절대주의로 끝나는 위험성을 가진다. 규칙이라는 것은 이식되지 않는 이상 공유되지 않는다. 그리고 규칙이 공유되지 않기 때문에 규칙을 독점하는 독재자를 출현시키기도 하고 폭력에 의해 규제하지 않으면 안 되기도 한다. 이에 반해 미리 규칙을 내면화한 시민이 자발적으로 만드는 권력 공간은 그러한 극히 비대칭적인 권력관계를 낳지 않고 대칭적인 구성원에 의한 자치를 유지할 수 있다는 것이다.

앞 장에서 본 아렌트의 '활동' 론도 고대를 이념화하고 공동행위를 중시한다는 점에서 공화주의와 공통점을 가지고 있다. 그녀가 미국 건국 시 사람들의 정치활동을 활동의 전형적인 예로 들고 있는 것도 이러한 점을 뒷받침한다. 그러나 동시에 지적해야 할 점은 아렌트의 이론은, 극단적인 '과정적' 성격에서, 일반 공화주의와는 다르다는 점이다. 아렌트의 경우 활동은 사람들이 지금 행하고 있는 한 존속하는 것이며 사람들이 그만두면 없어진다. 그것은 한시적이며 제도화될 수 없다. 그런데 공화주의자 대부분은 공화국의 제도화에 남다른 의욕을 가지고 있다. 양자의 차이는 구성원의 자격 요건을 보면 명확해진다. 아렌트의 이론에서 활동에 참가하기 위해 언어를 이용한 공동의 공간을 만드는 동기 이외의 것은 당장 요구되지 않을 것이다. 하지만 일반적으로 공화국에서는 지금의 공화국 구성원의 아이들은 당연히 구성원이 될 자격을 가지고 있다고 여긴다. 한편 공화국의 현 구성원과 혈연적인 관계를 가지지 않은 사람들(외국인)의 참가 자격은 제한되는 경우가 많다.

물론 이른바 속인주의의 경우와 비교해서 이른바 속지주의의 경우 외국인의 참가가 용이하다는 차이가 있다. 그러나 어떠한 경우에라도 공화국의 현 구성원의 아이들이 왜 그 공화국에 소속되어야 하는가, 또는 당연한 것처럼 소속될 수 있는 것인가라는 것은 문제 삼지 않는다. 그런 의미로 공화주의가 이념에 기초한 것이라고 아무리 강조해도 사실상 그것이 유전자의 연속성, 즉 생물로서의 무리의 연속성에 의존하고 있는 측면을 부정할 수 없다. 왜 그러한가. 그것은 공화주의가 제도의 유지에 매우 큰 관심을 기울이기 때문이다. 어떠한 공화제도 애초 아무것도 아닌 곳에 생겼을 것이고, 그 성립의 경위에 대한 이해(건국신화 또는 혁명 이야기)가 구성원에게 공유되는 것은 중요하다. 그러나 예컨대 아무것도 없는 곳에서 언제든 새로운 일을 시작해도 좋다는 아렌트의 생각은 사실 공화주의와는 양립할 수 없다. 그것을 인정한다면 혁명이 끊이지 않고 공화국의 안정성이 확보될 수 없기 때문이다. 그래서 일단 공화국이 성립한 후에는 그 틀을 크게 바꾸는 변혁은 기피하게 된다. 물론 개개의 법률을 바꾸는 것은 상관없으며 (프랑스처럼) 헌법이라고 불리는 법률을 빈번하게 바꾸는 것도 허용된다. 그러나 공화국 단위 자체를 의심하는 것, 즉 왜 어떤 특정의 사람들과 그 자손이 구성원인가를 의심하거나 그 결과로서 공화국의 체제에 대해 결정 권력을 가지는 주체의 범위를 바꾸는 것은 공화주의자가 가장 무서워하는 방법이다. 한번 성립된 공화국은 파산에 이르지 않고 부분적인 소규모의 외형 변형minor change을 하면서 계속적으로 유지되어야 한다. 그것을 위해서는 부모자식 관계나 혈연이라는 본래 공화주의와는 관계없는 요소에 의존해서라도 연속성의 확보에 힘쓰지 않으면 안 되게 된다.

이렇게 보면 왜 공화주의가 때로 국민주의(내셔널리즘)와 상통하는지를 확실히 알 수 있다. 최근 이른바 '강압헌법론'과의 관계에서 일본에 진정한 의미의 공화제 또는 시민자치를 확립하려면 한번은 국민의 손으로 헌법을 다시 선택할 필요가 있다는 논의가 많다. 이러한 논의는 지금까지의 자각적인 내셔널리스트와는 다르게 오히려 좌파라고 인식되어온 계보로부터도 이루어지고 있지만 어떠한 단서조항도 없이 전개된다면 위험해질지도 모른다. 확실히 '우리'의 손으로 규칙을 만들자는 주장 자체에는 전혀 이상할 것이 없다. 그러나 그 '우리'라는 단위를 고정적이고 명확한 것이라고 간주할 때 문제가 발생한다. 세계에 많은 불평등이 존재하고 부유한 사람들은 더욱 번창하고 가난한 사람들은 더욱 힘들어하고 있는 때, 특정 무리(국민)에게만 자유와 복지의 권리를 부여하는 국민 단위의 법적 틀은 다른 사람들을 배제하는 기능을 띨 수밖에 없다. 왜 본래 종래 국민으로 소속되어온 것과는 다른 단위, 즉 일본국헌법을 '다시 선택하는 일'에 참가하는 것이 처음부터 (마치 원래부터 그러한 것처럼) 거부되고 있는 사람들에게 열린 형태로 새로운 권력 공간을 수립하면 안 되는 것인가. 다시 말해 왜 일본 국민의 헌법이어야 하는가. 이러한 문제에 대한 검토 없이 종래의 단위 유지를 전제로 하는 공화주의는 국민주의와는 다른 멜로디를 노래하면서도 하나의 하모니를 연주하는 것과 같다.

이와 관련해서 헌법제정 권력이라는 관념을 손 놓고 칭송할 수는 없다. 공화주의자들은 법 이전에 인민이 이미 구비하고 있는 바른 힘으로서의 헌법제정 권력(또는 구성적 권력le pouvoir constituant)을 생각한다. 즉 헌법 이전에 단순한 폭력이 아닌 정통성을 가진 권력이 존재하고 그것이 헌법을 만들었다고 논함으로써 헌법을 규범에 의해 확립하려 하는 것이다. 그러나 헌법의 수립으로 어떤 권력 공간이 성립하기 이전에 이미 최고의 권력이 존재하고 있었다는 생각은 법의 사실성을 은폐하는 것과도 연결된다. 주권은 어디까지나 헌법에 의해 확립되는 것이며 헌법 이전에는 존재하지 않는다. 어떤 질서가 성립하기까지는 다양한 권력관계가 있을 뿐이고, 그 중에서 (다양한 이유에 의해) 승리한 세력이 질서를 형성하고, 질서가 사후적으로 법에 의해서 정당화된 것에 지나지 않는다는 전제에서 출발해야 한다. 그렇지 않으면 모든 헌법이 한 특정 집단을 결속하고 그 외의 사람들을 배제함으로써 성립된다는 것을 놓쳐버린다. 아무리 추상적인 이념을 걸고 보편적인 인권 규정을 가지는 헌법이라 하더라도 실제로 그것을 향유할 수 있는 사람들의 범위를 엄격하게 제한하고 있음을 잊어서는 안 될 것이다. 또한 헌법이 이미 정당한 권력에 의해 만들어졌다고 전제하면 모든 헌법체제 내부에 존재하는 비대칭성으로부터 시선을 돌리게 되어버린다.

　이렇게 논함으로써 우리는 이른바 호헌 일변도 논의와는 거리를 두게 되지만 그렇다고 해서 '자주헌법' 제정을 자기목적화하는 사람들에게 가까워지는 것은 전혀 아니다. 어떠한 '자주헌법'이라도 절대적인 것이 될 수는 없으며 현실적으로 성립되는 잠정적인 결정에 지나지 않는다고 생각하기 때문이다. 새롭게 헌법을 만들면 모든 문제가 해결된다는 입장은, 기존의 헌법을 고수하면 모두 해결된다는 주장과 같이, 헌법에 대한 페티시즘fetishism이라고 하지 않을 수 없다. 절대적인 정통성을 주장할 수 있는 규칙이 국민이라는 특정 단위에 의해 만들어진다는 주권론적인 이론 구성은 더 이상 받아들여지지 않는다. 헌법을 비롯한 국법은 그것보다 하위 집단인 자치체나 그 외의 다양한 집단의 규칙, 심지어 국가보다 큰 단위의 규칙과 부단한 조정과 교섭 중에 제한적인 효력을 가지는 데 지나지 않는다. 그리고 어떠한 규칙도 언제나 재검토되고 새롭게 개정된다. 이러한 정치의 영속성에 초조해져서 영속적인 제도를 추구하려 할 때 여러 가지 문제점이 생겨나게 되는 것이다.

법과 폭력

법이 사실상 폭력에 의해 형성된다는 명제를 가장 첨예한 형태로 언급한 사람은 발터 벤야민Walter Bendix Schönflies Benjamin이었다. 벤야민은 《폭력비판론》에서 폭력과 법의 관계에 대해 고찰했다. 일반적으로 카오스chaos(무질서)를 노모스nomos(질서)로 전환시킬 때, 즉 질서를 만들어낼 때에는 폭력이 작용하지 않으면 안 되고, 그런 의미에서 인간사회와 폭력은 함께 있다. 그렇기 때문에 일단 질서가 성립하면 질서는 스스로가 폭력의 소산임을 절대로 인정하지 않으려 하고 법을 전면에 내세워 스스로의 폭력적인 기원을 은폐하려 한다는 것이다. 전형적으로는 전쟁이나 혁명에 의해 나타나는 질서를 형성하는 폭력을 그는 '법조정적 폭력'이라고 불렀다. 그런 폭력에 의해 법이 생기면 질서는 질서를 지키는 것은 '적법'이고 질서를 파괴하는 것은 '불법'이라는 이분법에 의해 자기목적화된다.

개인과 대립하고 폭력을 독점하려는 법의 관심interest은 법의 목적을 지키려는 의도가 아니라 오히려 법 자체를 지키려는 의도로부터 설명되

는 것이다. 법의 수중에는 없는 폭력은 그것이 추구할지도 모르는 목적에 의해서가 아니라 그것이 법의 틀 밖에 존재하는 것 자체로 언제라도 법을 위협한다(Walter Benjamin, 野村修 訳, 〈暴力批判論〉, 《ヴァルター・ベンヤミン著作集1 暴力批判論》, 晶文社, 1969, 13쪽).

그 때문에 질서에 도전하려는 시도는 범죄시되고 그 시도에 대해서는 '법유지적 폭력', 즉 군대나 경찰에 의한 폭력이 가해지게 된다. 이러한 벤야민의 이론은 형벌시스템에 관한 푸코의 이론과 상통한다고 할 수 있을 것이다. 벤야민에 의하면 징병 제도도 마찬가지로 법에 의해 폭력에 대한 참가가 강제되는 사태를 상징하는 것이다. 공화주의와 관련해서 말하면, 예를 들어 마키아벨리 Niccolò Machiavelli의 이론에 보이는 것처럼 용병이 아닌 시민이야말로 병사가 되어야 한다는 생각이 공화주의의 부속물이라는 것 또한 이러한 문맥에서 주목된다. 벤야민은 이러한 '법조정적 폭력'과 '법유지적 폭력'을 총칭해서 '신화적 폭력'이라고 부르고 그 폭력성을 고발했다.

이러한 벤야민의 이론은 법과 폭력이 표리일체 관계에 있음을 지적했다는 점에서 매우 중요하다. 우리는 확실하게 이름을 거론할 수 있는 독재자가 명백하게 폭력을 사용해서 국민을 지배하는 테제에 대해서는 쉽게 비판할 수 있지만 국민이 스스로 통치하는 시민자치의 공화제에 대해서는 쉽게 비판하지 못한다. 그러나 어떠한 질서도 그것이 만들어질 때 그 외에 존재할 수 있는 질서의 가능성을 배제하고 일단 성립한 후에는 그것을 유지하기 위해서 다양한 비대칭적인 관계가 출현하는 것이다. 이러한 점에 눈을 뜨게 한 점에서 벤야민의 신화적 폭력론은 유익하다.

그렇지만 앞선 그의 이론에는 단서가 필요하다. 벤야민은 조르주 소렐Georges Sorel의 《폭력론》의 영향을 받아 총파업과 같은 일회성 사건에 의해 '신화적 폭력'이 일소된다는 발상을 했다. 통상적 파업이 그 외의 다양한 행위와 동일하게 법에 의해 인정되고 법의 범위 안에서 이루어지는 것임에 반해, 모든 산업이 일제히 파업하는 사태가 일어나면 그 전까지의 질서는 유지될 수 없고 붕괴된다. 이러한 형태로 '신화적 폭력'을 붕괴시키는 일회성의 폭력을 벤야민은 '신적 폭력神的暴力'이라고 부르는데 법=폭력 밖으로 나올 수 있다는 소렐=벤야민의 생각에는 많은 문제가 있다.

법을 파괴하면 자연상태로 돌아가는 게 아닐까. 홉스가 아니더라도 우선 그 점이 의문으로 떠오를 것이다. 아무리 폭력적인 것이라고 해도 인간이 법질서를 계속 만들어온 이유는 그것이 신체나 생활의 안전을 확보하기 위한 중요한 수단이기 때문이 아닐까. 이에 대해 벤야민은 인간이 만든 법이 없어졌을 때 신에게 유래되는 정의가 나타난다고 생각하는 것 같다. 거꾸로 말하면 애초 전쟁과 혁명의 20세기가 나타난 것은 신이 없어지고 모든 질서가 세속화한 데 원인이 있다는 통찰이 배후에 있지 않을까. 신으로부터 유래하는 정의와 상관없이 각각 인간 집단의 상황이 주권적인 법질서라는 이름으로 절대화된 것이야말로 문제의 본질이라고······.

이러한 발상은 슈미트의 《정치신학》이 벤야민에게 끼친 미묘한 영향을 엿보게 한다. 제1부에서도 언급한 것처럼 슈미트는 주권 같은 정치적 개념은 신학적 개념이 세속화한 것이라고 논하고 있고, 최근의 슈미트의 연구가 강조하는 것에는 그의 정치론의 배후에 종교적인 질서에 대한 기대를 발견할 수 있을지도 모른다. 그러나 어느 쪽이라도 이러한 종교에 기대하는 생각은 세속적인 정치의 절대화에 대한 해독제로서는 의미를 가지지만 이번에는 종교적인 질서 자체의 폭력성을 은폐하는 것과 연계되어 새로운 문제를 낳을지도 모른다.

이 점과 관련해서 두 번째로, 자크 데리다Jacques Derrida도 비판하고 있듯 만약 벤야민이 '신적 폭력'을 특권화해서 억압적인 지배로부터 탈출하는 마지막 일격을 생각하고 있다면 그것은 하나의 해방의 도그마가 되는 것은 아닐까.

그 폭력 비판에 정평이 난, 그리고 가장 도발적인 역설은 무엇인가. …… 그것은 이 비판이 자기소개를 하고 스스로가 역사에 관한 유일한 '철학'이라고 하는 것이다. …… 즉 이것은 역사 속에서, 또한 역사에 대해 선택하는krinein 것, 따라서 결단하고 그리고 결말짓는 것을 가능하게 하는 태도다. …… 결정불가능성은 그 모든 것이 법의 편에, 즉 신화적—이라는 것은 바로 법을 기초하고 또한 유지하는—폭력의 편에 놓여 그곳에 고정되고 집적된다. 결정가능성은 이와는 반대로 그 모든 것이 신적인 폭력 쪽에 놓인다(Jacques Derrida, 堅田研一 訳, 《法の力》, みす

ず書房, 1999, 165~166쪽, 단 번역문의 일부를 바꾸었다).

　즉 벤야민은 사실상 폭력 이외에 근거가 없는 질서 형성의 역사 그리고 그것과 근본적으로 다른 이상적인 상태를 비교해서 전자로부터 후자로 비약하는 해방의 도식을 그리고 있는 것처럼 보인다. '최종적인 해결'이라는 것은 벤야민을 포함한 유대인이라 불린 사람들의 존재에 대한 나치적인 해답법에 붙여진 이름이었지만, 그것과는 전혀 관계없지만 만약 벤야민이 여기에서 일종의 '최종적 해결'의 가능성을 꿈꾸고 있다면, 그것만으로도 문제가 되어야 한다고 생각한다. 대개 역사를 한방으로 끝낼 수 있다는 생각 자체가 위험을 동반하기 때문이다. 이에 대해 데리다적인 '탈구축'이라는 것은 '최종적인 해결'이 없는 것, 즉 어떠한 질서도 최종적인 것이 아니고, 언제라도 새롭게 다시 만들 수 있다는 것임에 틀림없으며, 앞에서 다루었던 것처럼 푸코적인 권력론도 질서에 대해 기본적으로 동일한 견해를 가지고 있다.

　아렌트와 벤야민의 관계로 말하면 '법조정적 폭력'이나 '법유지적 폭력'을 논할 때 벤야민이 폭력과 관계없는 '활동'을 논하는 아렌트와 다른 입장에 있음은 명확할 것이다. 그 점에서 벤야민은 아렌트보다 비대칭적인 관계의 존재를 강조하는 듯 보인다. 그런데 '신적 폭력'에 의해 해방된 세계에서 이번에는 모든 비대칭성이 소멸한다고 하기 때문에 문제는 복잡해진다. 권력 공간을 전면적으로 폭력적인 것이라고 간주하면 폭력을 없애기 위해서는 권력 공간 자체의 소멸을 생각해야만 한다. 벤야민의 폭력 비판은 이렇게 전면적인 권력 비판이 될 것이다. 아렌트와 같이 권력 공간으로부터 미리 폭력을 배제해버리면 권력을 논할 때 폭력 비판을 할 필요가 없어지지만 그것은 권력에 대한 비판의 계기조차 없애버릴지 모른다. 우리는 이 양자 사이에 놓인 길을 갈 수는 없는 것일까.

다양한 동기

권력 공간은 종종 폭력을 동반하며 성립한다. 그러나 그것이 유지될 때에는 물론 벤야민이 말하는 '법유지적 폭력'에 의해 유지되는 측면도 있지만, 동시에 아렌트가 강조한 것처럼 자발적으로 유지되는 측면도 있다고 생각해야 한다. 사람들은 어떤 동기 부여에 의해 권력 공간을 유지하는 걸까. 첫째 권력공간 안에서 우위를 점할 수 있다고 생각하는 경우다. 비대칭적인 주체 간 권력에서 권력을 행사하는 주체 A가 될 수 있는 가망이 있다면 권력 공간을 유지하는 편이 유리하다는 점은 정해져 있다. 그것은 경제적인 우위인 경우도 있으며, 신체적인 우위 즉 폭력의 우위일 수도 있다. 나아가 언어를 조종해서 커뮤니케이션이나 지적 수준에서 우위를 점할 수 있다는 계산도 작용할 것이다. 물론 누구라도 언제나 승리하기는 어려우며 공간의 규칙에 부분적인 소규모의 외형 변형minor change이 생기면 지금까지 우위를 점하고 있던 사람이 떨어져나가는 경우도 생길 수 있다. 그러나 대체로 '승자 그룹'에 들어갈 수 있다고 생각하는 사람들이 질서의 해체보다 유지에 관심을 가지는 것은 부정할 수 없다.

이러한 첫 번째 동기 부여는 바로 머리에 떠오르는 것이다. 그러나 실제로는 도저히 '승자 그룹'에 들어갈 수 없는 사람들도 권력 공간을 지탱하는 일이 종종 있다. 이것은 어떤 질서라도 무질서보다는 낫다는 홉스적인 계산에 기초한 것일지도 모른다. 이러한 질서의 자기목적화를 제2의 동기부여라고 부를 수 있을 것이다. 권력 공간이 성립하지 않으면 다양한 권력 관계가 개별적으로 존재하게 된다. 이러한 상태가 스스로의 '안전security'를 위협한다고 생각하는 사람들은 다양한 제도적인 틀을 추구한다. 그리고 비대칭적인 관계가 있어도 모든 것이 도저히 참을 수 없을 정도의 상태가 아니라고 판단하면 그것을 지지하는 것이다.

세 번째는 지식의 역할, 바꿔 말하면 이데올로기의 주체 형성 기능일 것이다. 예를 들면 국민적인 아이덴티티의 의의를 강조하는 내셔널리즘이 침투했기 때문에, 그 '국민'이라는 단위에서 소외된 사람들조차 그 단위를 유지하기 위해 목숨을 내던지는 일이 실제로 널리 나타난다. 이미 언급한 것처럼 공화주의도 그것이 지금 국민이라는 강력한 단위를 안이하게 전제로 했을 경우에는, 내셔널리즘과 공생·공감하게 될지도 모른다. 이 점에 대해 예를 들면, '계급' 대 '국민'과 같이 반드시 일치하지 않는 종별 단위를 각각 강조하는 이데올로기가 충돌하는 상황(이른바 좌우대립의 사상 상황 같은)에서는 어떠한 권력 공간을 수립해야 할지를 둘러싼 싸움이 일어나고 있다고 할 수 있지만, 이러한 사태는 두 번째 동기 부여를 가진 사람들에게는 비정상적인 사태라고 여겨졌다. 홉스가 가장 비판한 것이 국경을 넘어 침투하는 기독교 이데올로기였으며 그가 그러한 이데올로기의 영향을 배제하고 유일 단위로서의 영연방commonwealth을 유지하려 한 것을 상기하자.

위에 열거한 세 개의 동기 부여는 상호 독립된 것일까. 반드시 그렇지는 않다. 사실은 이데올로기와 이익이 불가분하게 결부되어 있는 경우가 대부분일 것이다. 슬라보예 지젝Slavoj Žižek은 '이데올로기적 환상'에 대해 다음과 같이 말했다(Slavoj Žižek, 《イデオロギーの崇高な対象》; *The Sublime Object of Ideology*(London; Verso, 1989)). 기존 지식인들은 때때로 사람들이 이데올로기에 현혹되어 진실로부터 시선을 돌리고 있다고 생각해왔다. 그러므로 그러한 이데올로기의 존재를 설명하고 이데올로기를 비판한다면 사람들을 이데올로기로부터 해방시키고 진실을 볼 수 있게 한다고 생각했다. 그러나 사람들은 예컨대 신이 존재하지 않는다는 것을 알고 있지만 그럼에도 불구하고 신을 찾는 행동을 보인다고 지젝은 말한다. 경제상태가 좋지 않은 것은 유대인 탓이라고 한 반유대주의적 명제에 대해서도 그것을 정말로 믿는 사람은 사실 많지 않다. 유대인이 나쁘지 않다는 것은 알고 있다. 그럼에도 불구하고 반유대주의자들은 반유대주의적인 발언을 그만두진 않는다. 아무리 좋은 유

대인의 예를 들어도, 즉 이데올로기 비판을 해도 소용없다. 그것 이야말로 유대인이 사람들을 기만하는 재주가 뛰어나는 증거라고 말해버린다. 본래 반유대주의자들은 반유대주의가 진리이기 때문에 믿는 것이 아니다. 환상이라도 전혀 상관없다. 환상이라도 그렇게 생각하는 편이 스스로 유쾌하기 때문에 그렇게 믿는 것처럼 계속 행동하는 것이다. 만약 유대인이 나쁘지 않다면 누가 나쁜 것인가? 자신들에게 잘못이 있다고 생각해야 되지만 그런 것은 절대로 싫다는 것이다.

지젝이 든 예 외에도 이러한 구조를 가진 예는 우리도 떠올릴 수 있다. 자민족의 우수함이나 타민족의 열등성 같은 것을 강조하는 국민주의(내셔널리즘)는 종종 이러한 구조를 가진다. 찬란한 '국민의 역사'를 묘사하는 사람들에게 그 국민이 행했던 많은 잔학행위를 아무리 지적해도 그것은 타민족이나 그 앞잡이의 음모이며 날조된 것이라고 생각해버린다. 드디어 피할 수 없는 증거가 드러났다고 해도 그것은 불행한 예외에 지나지 않는다고 주장할 것이다. 자신들에게 기분 좋은 환상을 놓치지 않으려는 것이다. 이와 같은 태도는 교조의 범죄를 인정하려 하지 않는 광신자cult 집단에서도 보인다. 2차 세계대전에 이르는 일본의 정치상황에 대해서도 이러한 관점에서 조망해볼 필요가 있을 것이다. 2차 세계대전이 끝난후 국민의 책임을 엄격하게 묻는 대신 전쟁 전의 체제는 일부 위정자가 천황제 이데올로기를 국민에게 주입한 결과로 생겨났으며 국민은 피해자라는 생각이 유포되어왔다. 확실히 특별고등경찰을 비롯한 전형적인 '법유지적 폭력'이 가해져온 것은 사실이다. 그러나 동시에 많은 사람들의 지지 없이는 어떠한 체제도 유지되지 못하는 점도 인정해야 한다. 국민의 동기는 이익에도 있었을 것이다. 이미 언급한 것처럼 아시아를 식민지화함으로써 자신의 생활이 조금이라도 개선되는 것은 아닐까라는 소박한 희망이 모이면 가공할 영향력을 지닐 수 있었기 때문이다. 한편 이데올로기의 역할에 대해서는 어떤가. 일찍이 국민은 마치 마법에 걸린 것처럼 천황제 이데올로기에 지배되어 정상적인 판단력을 가지지 못했다고 생각되었고, 그 때문에 좀 더 자립적인 판단을 할 수 있는 이성적인 주체를 만들려고 한 것이 '전후계몽戰後啓蒙'의 과제로 여겨졌다. 아이들뿐만 아니라 어른들도 모두 '만방무비萬邦無比'라든지 '신국일본神國日本'이라는 이데올로기를 순수하게 받아들였다는 것은 있을 수 없다. 그렇게 믿는 것처럼 행동하는 편이 유리하고 기분도 좋다는 계산이 작용했을 가능성이 있다. 즉 처음부터 환상임을 알고 있었음에도 그러한 이데올로기를 떠받치고 있던 면이 있다. 그렇다고 한다면 천황제 이데올로기를 이식한 쪽과 이식받은 쪽이라는 이분법에는 자연히 한계가 생긴다. 자신들에게 유리하다면 제아무리 자립된 주체라도 외부에서 봤을 때 황당무계해 보이는 이데올로기를 앞서서 수용한다는 불편한 사실, 여기부터 출발하는 것 외에는 없다. 지젝의 말을 빌리면 '환상 중에 구조화되어 있는 전前-이데올로기적인 향락'의 존재를 폭로해야만 하는 것이다.

필요한 것은 권력 공간이 폐쇄된 고정적 공간이 되는 것을 막는 것이다. 지젝의 예에서 '유대인'은 그 자체가 배제됨으로써 사회의 전체성을 성립하는 기호記號와 다름없다. '우리' 이외의 악한 어떤 사람, 사태의 책임을 져야 할 어떤 사람을 발견함으로써 사회 안에 악이 없으며 따라서 대립도 존재하지 않는다고 생각하는 경향, 이것을 문제시하는 것이 진정한 의미에서의 이데올로기 비판이 될 것이다. '우리'의 공간을 만들고 안정되었다는 생각 자체를 문제시해야만 한다. 어떤 권력 공간에도 내부에 균열이 있으며 비대칭적인 관계가 있는 것. 어떠한 권력 공간도 '최종적인 해결'이 아니라는 점이 중요한 것이다.

권력과 자유

권력과 자유의 관계를 어떻게 생각하면 좋을까. 물론 쉽게 풀 수 없는 문제다. 권력이란 무엇인가를 다양하게 고민하고 생각하면서 '자유'라는 매우 논쟁적인 또 다른 개념을 가져온다면 일이 더욱 복잡해질 것이 뻔하다. 그럼에도 불구하고 이 문제를 피해갈 수 없다. 권력을 양자 간 관계라는 측면에서 파악한다고 해도, 또는 권력 공간이라는 측면에서 파악한다고 해도, 권력과 동반해서 자유를 생각할 수밖에 없기 때문이다.

두 가지 자유관과 두 가지 권력관

주지하는 바와 같이 벌린Isaiah Berlin은 자유를 둘러싼 논의에 '소극적 자유'관과 '적극적 자유'관이라는 두 가지의 계보가 있음을

강조했다(Isaiah Berlin, 小川晃一ほか 訳, 〈二つの自由概念〉, 《自由論》, みすず書房, 1979). 자유에 대한 소극적인 생각이란 어떤 사람이 무언가를 하려고 할 때 그것을 방해하지 않는 것, 즉 의도를 방해하지 않는 것을 자유라고 간주하는 것이다. 이것은 예를 들면 홉스에게도 보이는 것처럼 상당히 일반적인 견해다. 이러한 생각이 양자 간 관계적인 권력에 대한 견해와 대응하고 있음은 확실할 것이다. 양자 간 관계에서의 권력은, 주체 B가 스스로의 의도에 반하는 행위를 주체 A에 의해 강요받을 때 발생하는 것이기 때문이다. 양자 간 관계론적 입장을 가지는 한 권력과 자유는 양립하지 않을 것이다.

그런데 벌린은 이러한 소극적인 생각 이외에도 유력한 자유관이 있다고 말한다. 그것은 '자기 자신이 주인인 것'을 자유의 본질이라고 하는 생각이며, 사람이 단순히 욕망을 충족시키고 있는 상태, 즉 소극적 자유관의 입장에서 봤을 때 자유로운 상태에서 벗어나 인간이 가지고 있어야 하는 모습('이상적인 자아')에 접근하면 할수록 진정한 자유에 다가간다는 것이다. 벌린은 이것을 적극적 자유관이라고 부른다. 즉 금욕이나 계몽을 통해 자신의 욕망을 누르거나 이성을 강화하는 것을 자유로 향한 길이라고 보는 금욕주의나 이상주의적인 생각이다. 나아가 벌린은 예를 들면 국민적 아이덴티티 욕구의 배경에서도 이러한 적극적인 자유관을 찾아냈다. 개인의 이해를 넘은 보다 고차원적 표상에 스스로를 오버랩시키는 것을 속박이 아니라 해방이라고 보는 구조가 그곳에 작용하고 있기 때문이다. 이러한 그의 이론은 스탈린 비판 직후에 발표되어 마르크스주의로 대표되는 적극적 자유관을 비판하고 시장경제체제를 소극적 자유에 적합한 것으로 옹호하는 논의로서 받아들여지기 쉬웠기 때문에 그러한 자유관이 완전히 초점에서 벗어났다고도 할 수 없다. 프랑스혁명 이래 적극적인 자유관이 사람들을 무리하게 해방시키려고 한 나머지, '자유에의 강제'라는 명목 하에 많은 억압이 초래된 것을 그는 냉엄하게 지적하고 있다. 그러나 벌린의 취지는 두 가지 계보 중 한편을 비판하고 다른 한편을 옹호한다기보다 오히려 두 가지 계보가 쉽게 융합할 수 없는 자유론의 두 가지 모멘트로서 계속 존재한다는 점에 있었던 것은 아닐까.

그리고 이러한 자유론의 두 가지 모멘트는 이 책에서 지금까지 검토해온 권력의 두 가지 측면과 대응하고 있다고 생각된다. 소극적 자유관은 고유의 의도를 가진 주체로서의 개인을 가정한다. 주체가 어떻게 형성되었는가를 묻지 않는 것이 소극적 자유관의 특징이라고도 할 수 있다. 개인의 모든 의도를 존중한다는 의미에서 그것은 관용적인 생각으로도 보인다. 인간으로서 가져야만 하는 모습을 표면화해서 논하는 것은 없기 때문이다. 그러나 만약 정말로 어떤 의도를 가진 개인이라도 좋다면 질서를 만들 수 없을 것이다. 여기에 홉스가 직면한 문제가 나타난다. 그래서 적극적 자유관을 찾으면서 홉스적인 논의처럼 자유를 모두 방기하고 질서를 선택하라고 말하고 싶지 않은 사람들은, 규범의식을 (표면화해서 논하는 것 없이) 몰래 도입하지 않을 수 없게 되는 것이다. 그 경우에는 법의 지배에 대한 논의의 뒤쪽에 주체화 권력이 도입된다. 하이에크는 철저한 양자 간 관계적인 생각 하에 주체 A로부터 분명하게 명령이 내려진 경우에만 주체 B의 자유가 침해된다고 했다. 누가 만들었는지 밝힐 수 없는 규칙, 즉 많은 사람들이 오랜 기간 동안 형성해온 규칙은 규칙을 만든 주체 A를 밝힐 수 없는 이상 자유를 침해하는 것은 아니다. 따라서 그러한 규칙(법)에 의해 사람들의 행동이 규제되어도 그것은 자유의 침해에 해당하지는 않는다는 것이다. 하이에크는 이러한 이론으로 소극적 자유관을 고집하며 일종의 주체화 권력을 밀수입하고 있는 것은 아닐까. 그리고 그 결과로서 여기에서 소극적 자유관이 적극적 자유관과 접점을 유지하는 것이 분명해진다. 적극적 자유관은 앞 장에서 본 권력 공간론, 특히 공화주의적인 질서론과 깊은 연관이 있는 것이며, 그것은 주체 형성 권력을 확실하게 적극적으로 평가하는 생각에 틀림없기 때문이다.

이렇게 보면 소극적 자유관과 적극적 자유관의 관계는, 양자 간 관계적인 권력관과 권력 공간의 공유를 강조하는 권력관의 관계에 거의 대응하고 있다. 소극적인 자유관은 양자 간의 비대칭적인 관계에 주목하여, 주체 B가 스스로의 의도대로 행동할 수 없을 때 자유는 침해된다고 하지만, 양자 간 관계적인 권력론도 마찬가지로 거기에서 권력을 발견할 것이다. 이 양자는 비대칭성을 찾아내는 것이 특기인 반면 대칭성에 대해서는 분명하게 논할 수 없다. 즉 (자유론에서) 사람들이 다양한 규제를 받으면서 또한 스스로는 자유롭다고 생각하는 경우가 있는 것은 무엇 때문인가를 충분히 설명할 수 없으며, (권력론에서는) 자신이 명령을 받는 입장에 서 있는 권력 공간을 사람들이 스스로 유지하고 있는 것은 무엇 때문인가를 설명하는 것이 불가능하다. 자유론에서의 적극적인 관념이나 공화주의적인 권력 공간의 모멘트가 필요하게 되는 이유가 여기에 있다. 단 그런 점만 주목한다면 이번에는 비대칭적인 측면을 놓치거나 은폐할지도 모를 것이다. 즉 어떤 사회를 자유로운 사회라고 무비판적으로 지키려 하거나 권력 공간을 그것 없이는 자연상태를 초래하는 불가결한 질서라고 지키게 되어버린다.

저항과 해방

완전한 무질서에도 가담하지 않는다. 그러나 일단 성립한 질서에는 부분적인 소규모의 외형 변형minor change밖에 인정하지 않는다는 보수적인 태도도 취하지 않는다면 우리에게는 어떤 길이 남아 있을까. 바꾸어 말하면 권력 공간의 성립 자체는 인정하면서 내부의 비대칭성을 은폐하지 않고 새로운 권력 공간의 모습을 생각해가는 '자유'를 우리는 가질 수 있을까.

푸코가 권력에 대한 저항이라고 부른 것은 이러한 문제에 대한 하나의 사상을 제시한 것이라고 생각한다. 이미 1장에서도 다룬 것처럼 푸코는 《앎의 의지》에서 권력에 대한 저항을 말하고 있다.

권력이 있는 곳에는 저항이 있는 것, 그리고, 그럼에도 불구하고, 또한 그렇다기보다는 오히려 바로 그렇기 때문에, 저항은 권력에 대해 결코 외부에 위치하지 않는다고 하는 것(Michel Foucault, 《性の歷史Ⅰ 知への意志》, 123쪽).

이러한 그의 말은 권력 밖으로 나오는 것을 지향하는 '해방' 프로젝트에 대한 비판을 포함하고 있다. '정통파' 마르크스주의로 대표되는 것처럼 비대칭적인 권력의 존재를 엄격하게 고발하는 이론은 때때로 비대칭성이 일소된 무권력 상태를 가정하게 된다. 권력의 충만에서 권력의 진공으로 불연속적인 도약을 꿈꿀 수 있다. 그렇지만 그러한 상태를 지금이라도 실현 가능한 것으로 볼지 그렇지 않으면 완전하게 실현되지는 않지만 목표로 내세워야 하는 것(규제 이념)으로 볼지는 큰 차이라고 할 수 있다. 예를 들면 하버마스가 비대칭적인 주체 간 관계로의 '강제 연관'을 최소화하고 평등한 주체 간의 커뮤니케이션적 이성을 최대화할 필요성에 대해 말할 때, 그가 이념이라고 한 것은 규제 이념에 불과한 것 같다. 그러나, 그럼에도 하버마스가 만약 (2장에서 다룬 것처럼) 언어에 의한 커뮤니케이션이 권력의 외부에 성립할 수 있다고 생각하고 있다면, 그것은 그 자체로 문제시해야 한다. 푸코가 말한 것처럼 '사회체의 개별 공간, 남녀 사이, 가족 안, 교사와 학생 사이, 지식이 있는 사람과 없는 사람 사이의 개별 공간에' 권력이 있다는 전제에서 출발하는 것이기 때문이다. 권력이 없는 상태를 가정하는 것은 큰 위험을 동반하게 된다.

그러나 이렇게 해방론을 비판하는 것에는 뿌리 깊은 반발이 있다. 어떤 권력이라도 무작정 반항하는 것을 자기목적화한 사람들은 '권력 있는 곳에 저항 있다'는 문구를 반권력론이라 비판했다. 권력에는 적극적인 측면이 있는데 그것을 무시하고 부정적인 측면만을 말하는 것이다. 그러한 비판이 푸코의 이론을 접하기 전에 이미 다양한 니체주의 담론, 특히 아도르노Theodor W. Adorno나 호르크하이머Max Horkheimer 등 프랑크푸르트학파에 의한 근대비판을 계속 접해온 사람들(그 필두는 물론 하버마스다) 중에서 나온 것은 우연이 아니다. 인간의 모든 행위의 배후에 '도구적 이성', 즉 자연을 지배하려는 동기 부여로부터 시작해서 자기 자신에 대한 지배, 나아가 다른 사람에 대한 지배를 지향하게 되는 경향을 발견하고, 그것을 날카롭게 비판한 프랑크푸르트학파와 같이 공장이나 학교에 권력이 작용한다는 푸코의 규율권력론은, 권력 비판을 전면화하는 것으로 보였던 것이다. 그러나 푸코의 권력에 대한 태도는 처음부터 양의적兩義的이어서 권력의 산출적인 측면을 놓치고 있지 않았으며 만년의 생-권력론에서 특히 그 경향이 강해졌음은 이미 말한 대로다. 오히려 만약 반권력론이 있다면 그것은 혁명이나 해방 같은 일회성 사건에 의해 권력 밖으로 나올 수 있다는 이론일 터이지만 이는 푸코가 비판한 바로 그것이다.

푸코적 저항론에 대한 두 번째 비판은 그의 주체화 권력론과 저항론의 정합성에 대한 것이다. 푸코와 같이 주체 자체가 권력의 소산이라고 생각해버리면 저항은 불가능해지는 것이 아닐까. 왜냐하면 주체는 권력에 완전하게 종속되어 있기 때문이다. 푸코는 분명 주체가 권력의 소산이라고 했지만, 주체가 완전하게 권력에 의해 결정되어버린다는 의미는 아니다. 그렇기는커녕 반대로 주체가 완전하게 결정되지 않았을 때에만 권력은 작용할 수 있다고 주장한다. 《앎의 의지》에서 푸코는 권력과 '지배domination'을 구별하고, 스스로의 행위에 대해 선택의 여지가 완전히 없는 상태 ('지배')에서 권력은 작용하지 않는다고 말한다. 그런 의미에서 자유가 있기 때문에 권력이 있다는 것이다. '신하=주체화'에 대한 그의 논리, 즉 서양 사회에서의 인간의 모습은 무언가에 종속됨과 동시에 스스로 주체가 된다는 이중성을 띠고 있으며, 그것은 주체 sujet라는 말이 가지는 이중성에 대응하는 주장도 이와 관계가 있다고 할 수 있을 것이다. 한 인터뷰에서 푸코는 말한다.

나는 권력이라는 실체에 저항이라는 하나의 실체를 대면시키는 것이 아닙니다. 단지 권력관계가 있는 이상 저항의 가능성이 있다고 할 뿐입니다. 우리는 결코 권력에 의해 덫에 걸려 있는 것이 아닙니다. 언제라도 일정 조건 안에서 명확한 전략에 따라서 권력의 의도를 바꿀 수 있기 때문에(Michel Foucault, 桑田禮彰·福井憲彦·山本哲士 編,〈セックスと権力〉,《ミシェル·フーコー 1926-1984》, 新評論, 1984, 68쪽).

여기에서 중요한 것은 '덫에 걸려 있는 것이' 아니라는 점일 것이다. 이것은 어떠한 권력이라도 모든 저항 가능성을 막기도 하고, 나아가서는 저항에의 의욕 그 자체를 상실케 할 정도로 완전하지는 않다는 취지다. 권력에 의한 세뇌를 강조하는 루크스 등과 비교해서, 푸코 쪽이 권력의 불완전성을 인정하고 있는 것은 의외일지도 모르지만 사실이다. 푸코 자신이 큰 영향을 받은 알튀세르 이래의 용어법에 따르면 푸코나 그를 계승하는 논자는 구조의 '결정 불능성'에 기대고 있다. 즉 아무리 철벽같이 보이는 구조에도 반드시 구멍이 뚫려 있으며 거기에 손을 밀어 넣어서 억지로 열 수 있다는 생각이다.

세 번째 비판은, 푸코의 저항이 각각의 현장에서 미시적인 수준에서 이루어진다고 여겨지는 점에 대해서다. 개별 장소에서 권력이 작용하고 있는 듯 보여도 결국 그것들은 연관성이 있으며 대부분의 경우 국가에 의한 결정에 의존하고 있다. 이것을 무시하고 푸코가 말하는 것처럼 지역 현장에서 저항을 계속한다고 해도 무력하며, 어디까지나 법이라는 형태로 규칙의 제도화를 지향하고, 국가 수준의 주전장에서 싸워야 한다는 것이다. 이러한 자유주의적인 이론의 설득력이 최근에는 다양한 현실에 의해 배반당하고 있다. 무엇보다도 우선 모든 권력의 원천인 특권적 주체를 발견하기 어려운 것이 누가 봐도 분명해졌기 때문이다. 예를 들면 국민경제라는 관념은 어떤 한 영토 위에서의 경제활동이 거의 자기 완결적으로 행해지는 것을 전제로 하지만, 이른바 다국적기업의 발달에 의해 의심받게 되었다. 어떠한 주권국가도 다국적기업에 효과적으로 명령하고 다국적기업으로부터 세금을 징수하는 것은 불가능하게 되었다. 게다가 기업 활동에 경제적으로 의존하고 있는 많은 사람들에게 기업의 흥망이 법적으로 자신이 속해있는 국가의 운명보다 긴급하다는 상태가 결코 예외적이지 않게 되었다. 기업만이 아니라 환경 문제나 인권 문제를 둘러싼 다양한 비정부조직의 활동이 활발해지고 있다. 영역과 인구를 보유한 국가와 유사한 단위인 유럽연합 같은 조직이 나타나 국가주권과 그 권한을 둘러싸고 싸우고 있으며, 기존의 주권국가 내에도 다양한 분열의 움직임이 있다. 이런 와중에 국가주권이 모든 사항에 대한 최종판단이라는 단순한 견해는 이미 성립되지 않는다. 그렇다고 해서 반대로, 한줌의 다국적기업이 세계를 완전하게 지배하고 있다는 생각도 반드시 현실적이지만은 않다. 확실히 역사가에 의한 사후적인 분석으로 어떤 시기에 어떤 주체의 전략적인 의도가 우세했다고 말할 수 있을지도 모르지만, 그것도 결국은 해석에 의존하고 있다. 실제로 행동하고 있는 사람들에게 권력의 소재가 명확한 것은 아니며, 사태는 복잡하게 뒤섞여 있을 것이다.

권력에 대한 저항을 생각하기 위해 여기서 언어적인 실천과의 아날로지analogy를 생각해보는 것도 무의미하지 않을 것이다. 이 책은 일본어로 쓰여 있다. 이 책을 매개로 저자와 독자 간 커뮤니케이션이 가능하다는 생각은 일본국 정부에 의해 추진되어온 국어교육의 성과에 적어도 상당 정도 혜택을 받고 있다. 이미 언급했던 것처럼 공통어는 주체화 권력의 소산이기 때문이다. 이 책을 아무도 읽지 않는 것보다 누군가가 읽는 편이 나은 이상, 저자는 주체화 권력에 '적극적'인 측면이 있음을 인정하는 것에 인색하지 않다. 그런데 현재 사용되고 있는 언어의 모습에 참을 수 없는 뭔가가 있다면 어떻게 해야 할 것인가. 첫 번째 방법은 국가 수준의 심의위원회를 주전장으로 하는 것이다. 즉 현재 있는 것과는 별도의 바른 언어라는 것을 국가 수준에서의 결정을 목표로 하여 제도화를 위해 노력하는 방법이다. 또 다른 방법은 별도의 언어를 스스로 사용하기 시작해서 다른 사람에게도 전파하도록 노력하는 것이다. 언어의 변화에 조금이나마 주의를 기울인 적이 있는 사람이라면 후자 쪽이 훨씬 가능성 있는 방법임을 알 수 있을 것이다. 물론 어떠한 신조어나 새로운 문법이라도 모두 정착되는 것은 아니다. 그러기는커녕 대부분 누구의 눈에도 들지 못하고 사라져버릴 것이다. 그러나 전자의 방법, 즉 언어 실천을 법적으로 규제하려는 방법보다는 후자 쪽이 훨씬 유망할 것이다. 권력에 대한 지역적인 저항이라는 점에서 푸코가 말하려는 것은 이와 조금 비슷한 것 같다. 우선 발화 즉 실제로 사용되는 언어가 변화하고, 문법이라는 법적 수준에서의 변화는 그러한 실천을 추인하는 것에 지나지 않는다는 것이다.

조금 다른 예를 든다면 최근 일본에서는 원자력발전소나 군사기지의 입지 치수공사의 찬반 등을 둘러싸고 많은 지역에서 주민투표가 이루어지고 있는데, 이것은 이전까지의 정치적 방법, 나아가서는 생활양식에 대한 지역 현장으로부터의 문제제기다. 연료 생산에서 폐기물 처리에 이르는 리사이클 전체의 안전성을 확립하기 이전에, 어찌됐든 전력이 더 필요하다며 계속해서 원자력발전소를 만들고 위험의 대부분을 일부 지역에 전가하는 방식. 주변 국과의 교섭 안에서 다양한 수준의 '안전보장'을 추구하는 노력을 하지 않고 단지 외국의 군사시설을 존속시키면 그걸로 족하다는, 특정 지역에 부담을 전가하는 생각. 자연과의 조화로운 삶을 추구하지 않고 모든 하천을 콘크리트로 관리하려는 기술적 이성에 대한 맹신과 그것에 의존하는 거대한 이권 구조. 이러한 상황에 대해 생각지도 않은 위험에 맞닥뜨리게 되어버린 사람들, 즉 우연히 그 현장에 공교롭게 살고 있던 사람들이 어쩔 수 없이 목소리를 내게 된 것이 이러한 일들이다. 그렇지만 현재 일본의 법제도 아래에서는 직접투표 결과가 그대로 효과를 가지지 않고, 의회가 그것을 존중하고 의결해주기를 기다릴 수밖에 없게 되어 있으며, 그 때문에 많은 시행착오도 생긴다. 법제도적으로는 상당히 무리가 있지만 그럼에도 강경하게 주민투표를 시행함으로써 문제가 분명해진다. 그것은 얼핏 보기엔 아무 힘이 없고 의미가 없는 시도 같지만, 긴 안목으로 보면 생활양식 자체를 바꾸어가는 하나의 계기가 될 수 있을 것이다. 원래 에너지나 '안전보장', 치수에 대한 국민의 생각이 변하지 않는 한, 국가 수준에서 정책 전환이 일어나는 것은 기대할 수 없고, 만약 형식적인 변경이 이루어지더라도 쓸모없는 조문이 되기 십상이다. 마지막으로 주권적 결정이 중요함을 부정하는 것은 아니지만 그것은 어디까지나 추인일 수밖에 없다. 지역적 저항과 그로 인해 촉발된 실천의 축적이 먼저 있는 것이지, 소수의 주체가 낙하산식으로 사태를 움직이는 것은 아니다.

그럼에도 권력에 대한 저항이라는 논쟁에 대해서는 많은 비판이 있으며, 어떠한 형태로든 해방 관념을 유지할 필요가 있다고 논하는 경우가 많다. 그러한 논점으로는 우선 상대주의 비판이 있다. 현존하는 권력에 대한 저항을 푸코가 언급했지만 저항이라면 어떤 저항이든 좋다고 할 수 있을까. 역시 정당화될 수 있는 저항과 그렇지 않은 저항이 있는 것은 아닐까. 아무리 지역적인 저항이라고 해도 그것은 그 연장선에서 해방의 이미지를 가지며 그에 따라 실행되어야 하는 것은 아닐까. 그런 게 아니라면 어떤 방향으로 가고 있는지 모르기 때문에 위험하다는 것이다. 이와 관련해서 정치적 무관심apathy에 대한 우려가 있다. 해방의 가능성이 부정되면 사람들은 무기력해지는 것은 아닐까. 현재의 권력이 마음에 들지 않기 때문에 그 권력에 저항한다 해도 권력 밖으로 나갈 수 없으며 다시 새로운 권력이 성립한다. 이것이 영원히 반복된다는 것이 푸코가 시사하는 바이기 때문에 그것은 시시포스 신화 같이 무력감을 유도하는 생각은 아닐까. 언젠가는 밖으로 나갈 수 있다고 생각하기 때문에 노력할 마음이 생기는 것이다. 아무리 해도 밖으로 나갈 수 없다면 일부러 바꿀 필요도 없고 지금 현재의 상태에 안주하게 된다. 따라서 저항론은 얼핏 보면 영구혁명 같은 동적인 이미지를 퍼뜨리지만 실제로는 탈정치주의 또는 정숙주의와 연결될지도 모른다.

보편성과 해방

　이러한 맥락에서 해방을 둘러싼 에르네스토 라클라우의 이론을 참고하려 한다. 그는 마르크스주의에서 출발했지만 '새로운 사회운동'에서 보이는 다양한 정치적 주체의 출현을 신중하게 받아들이던 중에 모든 것을 최종적으로 계급관계로 귀착시키는 종래의 마르크스주의와 거리를 두게 되었다. 파트너인 샹탈 무페Chantal Mouffe와 같이 쓴 《헤게모니와 사회주의 전략ヘゲモニーと社会主義戦略》(Ernesto Laclau·Chantal Mouffe, 山崎カヲル·石澤武 訳, 《ポスト·マルクス主義と政治──根源的民主主義のために》, 大村書店, 2000)에서 그는 '사회적 적대성', 즉 이 책에서 지금까지 권력관계의 비대칭성이라고 불러온 것이 끊임없이 존재하고 있다는 것을 강조하면서 그것이 계급대립이라는 형태만을 취한다고는 할 수 없고 다양한 대립축을 보일 수 있다고 했다. 이러한 이론은 경제관계로 환원되지 않는 문화적인 대립을 중시하는 다문화주의multiculturalism와 접점을 가질 수 있을 것처럼 보인다. 그런데 최근의 《에만시페이션(즈)エマンシペーション〔ズ〕》(*Emancipation(s)*(London: Phronesis, 1996))에서 그는 다문화주의 같은 입장은 상대주의로 향할지 모른다고 강한 경계심을 보였고, 해방이나 보편성이라는 관념을 어떠한 형태로

든 계속 가질 필요성을 새삼 강조한다.

흥미롭게도 이 책에서 라클라우는 해방emancipation이라는 것이 원래 논리적으로 불가능하다는 노골적인 논쟁에서 출발했다. 해방이라는 개념은 사회가 어떤 한 상태에서 다른 상태로 근본적으로 변화하는 것을 가리키는 데 사용되어왔고, 그런 불연속성을 강조함으로써 해방론은 큰 임팩트를 가져왔다. 지금과는 완전히 다른 상태로 갈 수 있다는 기대가 사람들을 움직여왔던 것이다. 그러나 생각해보면 해방 전후의 상태가 만약 정말로 어떤 접점도 없이 서로 완전히 다른 두 개의 상태라고 한다면 그 양자를 비교하는 것은 불가능하며 따라서 양자가 다르다고 하는 것도 불가능할 것이다. 둘을 비교할 때에는 양자를 포함하는 하나의 공통 기반을 가정할 수밖에 없다. 이 때 반드시 양자를 연결시키는 연속성의 요소가 생긴다. 그렇다면 해방이라고 해도 어떤 축 위에서 한편의 끝에서 다른 한편의 끝으로 이동했다는 것에 지나지 않는 것은 아닐까. 그렇다면 해방이라고 요란하게 말할 필요는 없고 좀 더 조촐하게 개혁이라 던지 저항이라고 말하는 것이 왜 나쁜가라고 하게 될 것이다. 이는 무언가를 절단해서 다른 두 개가 서로 접한 상태를 만들어내고 그것이 원래 어떠한 것인가를 생각하면 이해하기 쉽다. 그럴 경우 양자의 경계성은 어딘가 한편에 속해 있는 것도 아니고 어느 쪽에도 속하지도 않으며 양쪽에 속해 있다고 해야 하는 것이 된다. 무언가를 둘로 나눈다는 것은 동시에 둘을 연결함을 의미한다.

가장 전형적인 해방론이던 기독교 신학에서는 해방을 둘러싼 이러한 혼란이 어떻게 처리되었을까. 라클라우에 의하면 인간사회 범위를 초월한 보편성으로서의 신의 의지를 가정하면 어떻게든 해결되었다. 사회변혁은 신의 의지가 '인간의 몸으로 나타난' 해방자들에 의해 이루어진다. 이 해방자는 하나의 인간이며 특수한 존재이지만 동시에 신의 의지를 체현한다는 의미에서 보편성을 가진 존재로 여겨진다. 그리고 그 변혁의 결과로서 일어나는 사태가 해방이라는 것은 신에 의해 보증되었다. 해방 전후의 사회 상태 간 경계는 어떻게 될까라는, 인간으로서는 불가사의한 문제도 신 앞에서는 존재하지 않는다. 신이 해방이라고 하면 해방인 것이다. 그런데 그러한 초월적인 보편성을 더 이상 믿을 수 없게 되면 인간의 이성 범위 내에서 해방을 규정해야 한다. 그래서 '정통파' 마르크스주의의 경우처럼 프롤레타리아라는 주체가 특수하면서도 처음부터 보편적인 존재로 도입된다. 이 경우 해방은 사회를 초월한 의지가 사회에 대해 행하는 것이 아니라 사회 내에 존재하는 일부 집단이 일으키는 것이었다. 그러나 라클라우가 볼 때 이것은 결국 무리한 생각이다. 만약 해방 전 사회에서 프롤레타리아라는 보편적인 집단과 부르주아지라는 특수한 집단이 병존한다면 양자는 질적·근본적으로 다른 존재이며 본래 하나의 사회를 형성하고 있었다고 생각할 수 없다. 따라서 해방의 대상이 되어야 하는 사회라는 것이 확정될 수 없다. 다른 한편 해방 전의 사회가 해방 주체를 낳았다고 한다면 해방 전의 사회에도 적극적인 측면이 있었다고 인정해야 하며 이것 모두를 부정하면 해방으로 향하는 필연성이 모호해져버린다.

이러한 '근거의 죽음은 보편적인 것의 죽음으로 이어지고, 사회적 투쟁이 단순한 특수주의로 소멸되는 것과 관련된 것처럼 보인다'고 라클라우도 인정한다. 실제로 근대 서양에서 성립한 가치관이 확실성을 잃어버림에 따라 많은 문화적 아이덴티티의 다원적 병존을 설명하는 다문화주의를 비롯해서 특히 1980년대 이후 다양한 형태로 보편주의에 대한 회의가 나타났다. 그렇지만 라클라우는 이러한 움직임을 유보시키려 한다. 순수한 특수주의는 다음과 같은 이유 때문에 불가능하며 보편적인 것은 어떻든 필요하다는 것이다. 우선 문화의 독자성을 강조하는 다문화주의는 사실 개인의 권리 요구라는 자유주의적인 틀을 전제로 하면서 이것을 확장시켜 문화적인 공동체 단위의 권리 요구를 하는 것에 지나지 않는다. 이 점과 관련해서 다원성을 인정하지 않는 일원적인 생각이 배제되지 않으면 다문화주의를 유지하는 것도 불가능하며 다문화주의도 다원성이라는 일종의 보편성 위에 존재한다. 게다가 원래 특수성을 무한히 강조하면 일체의 집합적인 아이덴티티는 성립하지 않기 때문에 개별적인 문화적 공동체도 성립되지 않을 것이다. 그런데 다문화주의는 외부에 대해서는 차이만을 강조하는 한편 내부에 대해서는 차이를 무시하고 특정 사상을 강요하는 일종의 문화적인 '아파르트헤이트Apartheid'로 나아갈지도 모른다.

그러면 어떻게 해야 하는 걸까. 라클라우는 아이덴티티 상호간의 차이나 특수성을 강조하는 다문화주의적인 움직임에 대해 오히려 다른 아이덴티티라고 여겨지는 것 사이의 '등가성equivalence'에 주목해야 한다고 말한다. 이미 2장에서 다룬 것처럼 마르크스주의의 계보에서도 그람시 이후, 계급이라는 주체가 이전부터 존재했다는 본질주의적인 아이덴티티론이 비판받아왔다. 사람들이 아이덴티티적 의식을 가지는 것은 이데올로기에 의해 '호소된' 결과다. 그렇다고 하면 보다 설득력이 있는 이데올로기를 보여서 보다 넓은 범위의 사람들을 정치세력으로 규합해갈 수 있다. 그것이 바로 헤게모니 투쟁이다. 다문화주의와 같이 처음부터 '우리'의 범위를 한정하는 것이 아니라 누구라도 우리 편으로 만들 수 있다는 의지를 가지고 하지 않으면 정치적으로 승리할 수 없다는 것이 라클라우의 생각이다.

여기에서 그는 소쉬르Ferdinand de Saussure 이후의 시니피앙 signifiant(표현된 기호)/시니피에signifié(기호가 의미하는 내용)라는 언어학적인 개념을 사용한다. 잘 알려져 있는 것처럼 소쉬르는 이미 존재하는 것에 대해 이름을 붙이는 것이 언어라는 과거의 생각을 비판했다. 현실은 끊어진 곳 없이 연결되어 있는데 어떤 특정 음(시니피앙)과의 결합으로 인해 단절되어버린다. 그렇게 해서 생긴 하나의 결과물(시니피에)이 바로 원래 존재했던 것처럼 보이게 된다는 것이다. 따라서 시니피에는 그렇게 존재할 수밖에 없다는 의미에서 필연적인 결과물이 아니라 다른 결과물도 있을 수 있다는 의미에서 우발적이다. 이러한 소쉬르의 언어학적인 사고를 정치

문제에 대입하면 원래 인간 사이에는 필연적인 단절이 존재하는 것이 아니라 어떤 시니피앙에 의해 잘려나간 결과물인 집단으로 서의 응집을 가지고 있는 것에 지나지 않는다. 이미 언급한 것처럼 무언가를 둘로 나누는 것은 양자를 연결하는 것이기도 하다(이 것을 라클라우는 '분절화articulation'라고 표현한다). 따라서 보다 우세 한 분절화를 위한 이데올로기적인 헤게모니 싸움이야말로 정치적 인 과제로 생각되는 것이다.

그 경우 헤게모니를 쟁취하기 위해서는 단순한 특수한 이해나 관심을 보이는 것만으로 부족하다. 그러한 방법으로는 점점 더 좁은 범위에 스스로를 가두게 된다. 논쟁에서 각각의 이론은 특수한 것이면서도 보편성을 지향할 필요가 있다. 즉 각각의 입장은 누구라도 그 논쟁에 참가해서 차이를 확인할 수 있는 공통의 커뮤니케이션 공간을 제시하는 '공허한 시니피앙'이 되어야 한다는 것이다. 이러한 논쟁 중에서 승리한 이론은 보편성을 체현하게 되는데 그 경우의 보편성은 물론 신이 존재했던 시대의 보편성과는 완전히 다르다. 오히려 그곳에서 제시되는 것은 '보편성의 부재'라고 라클라우는 지적한다. 어떤 세력이 헤게모니를 장악한 시점에서 그것은 결국 한정적이며 순간적인 것에 지나지 않고 바로 다른 세력에 의해 교체되어버린다. 최종적인 해방은 불가능하다. 그래서 완전하게 보편성을 충족할 수 없기 때문에 계속해서 보편성에 대한 시도가 이루어진다는 것이다.

이러한 생각은 몇 가지 점에서 중요한 방향성을 제시하고 있다.

우선 주체가 미리 부여된 존재가 아니라 만들어지는 존재라는 점이 확인된다. A집단이 B집단에 권력을 행사한다는 식으로 고정적으로 권력관계를 사고하는 것이 아니라 A와 B 모두 인위적인 존재로 여긴다. 이렇게 생각하자 이미 존재하는 권력 공간을 바꿀 자유, 새로운 권력 공간을 만들어낼 자유의 영역이 확보될 가능성이 있다고 할 수 있을 것이다. 게다가 주체가 형성될 때 이론 또는 이데올로기가 적극적으로 기능하는 점이 제시되고 있는데, 이것은 주체 형성을 '허위의식'이라고 배제하는 생각과 다르며 정치에서의 언어의 역할을 복권하는 하나의 시도가 되었다. 그리고 어떠한 이론적인 헤게모니도 최종적인 해결책으로 나타나는 것이 아니라 곧바로 다른 헤게모니에 의해 교체된다는 라클라우의 생각은 '정통파' 마르크스주의의 교조주의dogmatism와 거리를 두는 것이라고 할 수 있다. 이렇듯 다양한 의미에서 라클라우의 이론은 고정성을 멀리하고 특수성을 인정하는 것이지만, 그럼에도 불구하고 '보편성의 부재'라는 이름의 보편성이 전제되고 있으며 이것이 푸코의 이론과 다른 특징이 된다. 이 점을 강조함으로써 상대주의나 특수주의에 휩쓸리지 않고, 게다가 교조적인 해방론에 빠지지 않는 길을 발견할 수 있다고 생각하는 듯하다.

그렇지만 라클라우의 이러한 생각에는 몇 가지 의문이 든다. 우선 이것은 라클라우 이론의 이점과 표리관계가 되는데, 그의 이론을 파고들어가면 언어의 역할을 과대평가하게 될지 모른다. 정치에서의 언어의 의미를 강조하여 이데올로기 투쟁의 중요성에 대한 근거를 마련할 수 있었지만 반대로 그러한 측면이 너무 강조되면 이번에는 권력이 오로지 발화 수준에서만 논해야 하는 도착에 빠질지도 모르는 것이다. 확실히 많은 사람들을 규합할 수 있는 시니피앙을 내세워 주체 형성에 성공하는 경우도 있다. 그러나 사람을 움직이는 것은 이론만이 아니다. 이미 2장에서 본 것처럼 폭력, 돈 등 다른 다양한 권력 자원과 언어는 분리 불가능하게 엮여 있으며, 사람들이 언어로 인해 움직이는 듯이 보이는 경우에도 실제로는 폭력에 의해 움직이기도 하고 금전적인 고려에 의해 움직이는 경우도 있다. 게다가 3장에서 본 '이데올로기적 환상'과 같이 자신의 이해를 지키기 위해 전혀 신용하지도 않는 언어를 신용하는 것처럼 행동하는 경우조차 존재한다.

시니피앙으로 다수파를 형성하는 것은 예를 들면 이념화된 연구공간에서의 패러다임 형성과 같은 모델이라고 할 수 있다. 보다 보편적으로 보이는 패러다임이 나오면 구성원이 그것을 적극적으로 채용하여 패러다임 전환이 일어나는 모델. 그러나 실제로는 그어떤 연구자 집단이라도 패러다임 자체의 설득력만으로 움직이지는 않으며 거기에는 다양한 타산이 개입되어 있을 것이다. 연구 동향이 사회적으로 가지는 의미를 일반적으로 고려하기도 하며, 폭력적인 박해를 받거나 금전적으로 어려운 입장에 처할 우려가 있는 이론은 비록 이론적으로는 매력이 있을지라도 기피한다. 반대로 연구공간 내의 상대적 지위를 둘러싼 내부 역학이 사회에 투영되는 경우도 있다. 예를 들면 한센병 격리 정책처럼 유력한 연구자에 의해 권위가 부여된 정책은 그 후에 사정이 변화해도 그 연구자나 학계의 체면을 지키기 위해 좀처럼 변경할 수 없다. 또한 약물피해 문제에서 보이는 것처럼 새로운 치료법을 확립한 연구자는 종래의 치료법으로 돌아가는 정책에 대해서는 비록 환자에게 그 방법이 유리하다고 할지라도 막으려는 경우가 있다. 이러한 일들은 스스로의 지위를 지키려는 사익 때문에 나타나지만 동시에 그렇게 하는 것이 학문의 존재의식을 지키고 공익에 합치된다는 정당화를 동반한다는 점에서 '이데올로기적 환상'의 좋은 예라고 할 수 있을지도 모른다. 이렇듯 언어에 의한 커뮤니케이션을 중요하게 여기는 연구공간조차도 실제로는 이론 내용 이외의 다양한 요인이 작용하고 있는데 정치적인 공간 일반에서는 좀 더 다양한 역학관계가 개입되지 않는다고 생각할 수 없다.

그 다음으로 라클라우가 차이를 인정하면서 '공허한 시니피앙'으로서 보편성을 공유하는 공간(그것을 '시스템'이라고 부르는 경우도 있다)에 대해 언급할 때 그는 그런 공간을 수립하는 데 따르는 비용에 대해 너무 과묵하다. 라클라우는 시스템을 의미작용의 공간으로서 확립하기 위해 '구성적 외부constitutive outside'를 배제할 필요가 있다고 한다. 즉 차이를 차이로 서로 인정할 수 있기 위해서는 공통의 문화가 필요하며, 그러한 기반조차 공유하지 않는 부분에 대해서는 굳이 배제해야 한다는 것이다. 그렇지만 이러한 생각은 이미 몇 번 언급한 것처럼 '우리'라는 주체 형성에 따르는 여러 문제를 초래하게 될 것이다. 아울러 무페는《정치적인 것의 귀

喚政治的なるものの再興》(千葉眞ほか 訳, 日本經济評論社, 1998)에서 서로 차이를 인정하는 세력이 헤게모니를 목표로 싸우는 '호적수 adversary'적인 관계에 대해 슈미트의 '친구—적' 관계를 채용하면서 논하고 있는데 이것은 오해를 살 만한 이론이다. 슈미트의 '친구—적' 관계는 그러한 호적수적인 관계일 수 없고 서로 융화될 수 없는 사람들 사이의 적대 관계임에 틀림이 없기 때문이다. 오히려 무페가 말하는 호적수적인 헤게모니 쟁탈이란 (슈미트가 야유한 바로 그) 의회 내 토론을 조금 활성화한 것 같은 게 아닐까.

그러면 라클라우나 무페의 이론에는 슈미트의 '친구—적' 관계에 해당하는 것이 없냐고 하면 그렇지도 않다. 차이의 시스템과 그것을 성립시키기 위해 배제된 구성적 외부와의 관계가 바로 그것에 해당된다고 생각하기 때문이다. 즉 라클라우나 무페의 이론에서는 시스템 내부의 호적수적인 대립 관계와 시스템 내외의 '친구—적'과 같은 대립 관계라는 두 종류의 대립 관계가 포함되어 있다. 그리고 그는 전자의 의의에 대해 매우 강조하고 있지만, 후자가 슈미트적인 이론과 어떠한 관계에 있으며 어떠한 정치적 함의를 가지고 있는지에 대해서는 거의 언급하지 않는다. 차이를 서로 인정하는 관계가 되는 것은 불가능하며 언어적인 접근을 처음부터 버려야 하는 외부라는 것은 구체적으로 무엇을 가리키는 것일까. '이슬람 원리주의' 같은 것이 가정되는 모양인데 그러한 요소와의 교섭을 단절시키고 비로소 성립하는 보편성이라는 것은 어떠한 대용품일까. 이질적인 '타자'와의 접촉으로 인해 차이의 시스템이 근본적으로 새로운 것으로 변할 가능성은 애초에 없었다고 판단된다.

마지막으로 가장 근본적인 점인 많은 현장에서 일어나는 저항을 오로지 등가성에 입각해서 조망하는 라클라우의 시선에 대해 문제제기를 하려고 한다. 이 책에서 반복해서 지적해온 것처럼 각각의 현장에서 일어나고 있는 사건은 우선 개별적인 것으로 받아들여야 한다. 그러한 과정을 생략하고 어차피 억압이라는 하나의 현상이 많은 장소에서 일어나는 것일 뿐이라고 미리 규정해버린다든지 저항운동은 모두 연대해야 한다고 주장한다면, 과거 마르크스주의적인 전략론으로 되돌아가기 십상이다. 여성운동, 민족해방운동, 공장에서의 노동운동, 대학에서의 학생운동 등 모든 것은 사회운동으로서 동등한 가치를 가지며 전위적인 당의 헤게모니에 따라야 한다는 모델로…… 확실히 특수성이 너무 강조되면 저항하는 세력의 힘이 꺾이고 결국에는 현상 유지에 기여하게 될지도 모른다는 초조함은 이해할 수 있다. 그러나 각각의 경위와 사정이 있는 여러 문제를 한꺼번에 일반화해서 하나의 문제로 한곳에 묶어버리고 단일한 대립축에 수렴시켜가는 것의 폭력성을 의식할 필요가 있지 않을까.

개별적인 저항은 어디로 향할지 모르기 때문에 위험하지만 해방은 방향성이 확실하기 때문에 안전하다는 주장은 해방이라는 이름 하에서 얼마나 많은 희생이 필요했던가를 망각하는 것이다. 해방의 관념만이 사람들을 정치적으로 활성화한다는 주장은 해방의 관념이 사람들의 정치적 운동의 다양성을 어떻게 제한해왔는지를 보고 있지 않다. 우리는 오히려 해방이(복수형의 그것이라고 해도) 더 이상 이루어질 수 없다는 것을 받아들이고 사람들의 자유로운 저항을 미리 예정된 방향으로 향하게 하는 수단은 하나도 없다는 것을 인정하는 데서 출발해야 하는 것은 아닐까. 개별적인 저항이 하나의 상을 맺어 다양한 계산이나 타협 그리고 힘 관계에 의해 찰라적인 권력 공간이 새롭게 성립할지도 모르지만, 그것을 굳이 보편적인 것이라고 부를 필연성은 어디에도 없다. 그러한 권력 공간 내부에도 반드시 존재하는 비대칭성은 곧바로 저항을 불러일으키게 될 것이다. 이러한 권력의 순환 과정에는 출구가 없지만 사람들이 자유를 가지지 않음을 의미하는 것은 아니다. 권력을 일방적으로 행사당하고 있다는 생각을 버리고 권력 과정의 당사자라는 의식을 가질 때, 즉 책임자는 어디 멀리 있는 것이 아니라 지금 여기에 있다고 느낄 때, 권력 자체를 바꾸기 위한 한걸음을 내디딜 수 있는 것이다.

03

기본문헌 안내

본문 중에 출전을 명시한 것을 제외하고 참고할 만한 문헌을 조금 열거해보려고 한다. 우선 전체 내용과 관련된 문헌으로 최근 나온 호시노 사토시星野智의 《현대권력론의 구도現代権力論の構図》(情況出版, 2000)가 20세기의 다양한 권력론에 대한 약도를 얻으려 할 때 참고가 된다. 오가와 코이치小川晃一의 《정치권력과 권위政治権力と権威》(木鐸社, 1988)는 권력 개념을 축으로 저자의 오랜 세월에 걸친 정치사상사 연구의 성과를 정리한 것이며 시사하는 점이 많다.

제1부에 대해서는, 막스 베버나 달로부터 아렌트나 하버마스에 이르는 다양한 권력관을 다루려는 사람에게는 발췌를 엮은 스티븐 루크스Steven Lukes의 *Power*(Steven Lukes ed., Basil Blackwell, 1986)가 편리하다. 달의 기본적인 생각을 알려면 《현대정치분석現代政治分析》(高畠通敏 訳, 岩波書店, 1999)이 있다. 대표적인 자유주의적 권력론은 여전히 주브넬Bertrand de Jouvenel일 것이다. 주브넬의 *Du Pouvoir*(Les Éditions du Chebal Ailé , 1945). 유감스럽게도 일역본은

없지만 영역본은 *On Power*(Liberty Press, 1993)다. 신학 유래의 책임론에 대한 비판은, **코놀리William E. Connolly**의 《아이덴티티\차이—타자성의 정치アイデンティティ\差異—他者性の政治》(杉田敦·齋藤純一·權左武志 譯, 岩波書店, 1988)에 보인다. 또한 코놀리의 ***Terms of Political Discourse***(Basil Blackwell, 1974)는 자유와 같은 중요한 정치적 개념에 대해 정리하고 있고, 권력론도 자주 참고되어왔다. 그러나 주체의 존재나 책임자의 지명 가능성을 전제로 하는 이 책의 입장은 그 후 푸코의 이론과 마주한 코넬리 자신에 의해 상대화된다. 앞의 책 《아이덴티티\차이アイデンティティ\差異》에서는 사람들의 아이덴티티가 인위적으로 형성된 것임을 강조하고 주체 형성 권력을 논한다. 현재 일본에서 책임에 대해 생각하는 의미를 알려면 **다카하시 데쓰야高橋哲哉**의 《전쟁책임론戰爭責任論》(講談社, 1999) 및 **오사와 마사치大澤眞幸**의 〈책임론—자유로운 사회의 윤리적 근거로서責任論—自由な社会の倫理的根拠として〉《論座》 2000年 1月号, 朝日新聞社)가 참고가 될 것이다.

다음으로 제2부 1장과 관련해서는, 주권론적인 권력 개념의 역사성을 규명하고 주권국가 이후의 정치를 생각할 필요성에 대해 말한 선구적인 업적으로서 **후쿠다 칸이치福田歡一**의 〈권력의 제형태와 권력이론權力の諸形態と權力理論〉(初出 《岩波講座 基本法学6—權力》, 1983; 《福田歡一著作集》第4巻, 岩波書店, 1998)이 있다. 푸코의 권력론에 대해서는 본문에서도 인용한 저작 이외에 특히 《미셸 푸코 1926-1984ミシェル·フーコー 1926-1984》(桑田禮彰·福田憲彦·山本哲

士 編 新評論, 1984)에 게재된 여러 논문이 참고가 된다. 또한 《푸코의 〈전체적인 것과 개인적인 것〉フーコーの〈全体的なものと個的なもの〉》(北山晴一 訳, 三交社, 1993)은 집단 구성원의 안전과 욕구 충족에 책임을 지는 '목자=사제' 적인 권력 양식이 국가의 틀 유지를 목적으로 하는 플라톤 이래의 '정치적인 것' 과는 다른 계통의 조류로서, 복지국가에 이르기까지의 흐름을 시사하고 정치사상사의 수정을 촉구하는 논점을 포함한다. 이러한 이론의 영향을 받아 20세기 정치학의 '계보학' 을 시도한 것으로서 필자의 〈전체성·다원성·개방성全体性·多元性·開放性〉(日本政治学会年報, 《20世紀の政治学》, 岩波書店, 1999)이 있다. 푸코에 대한 여러 비판적 논점에 대해서는 필자의 《권력의 계보학—푸코 이후의 정치이론을 향해서権力の系譜学—フーコー以後の政治理論に向けて》(岩波書店, 1998)의 제2장이 참고가 된다. 알튀세르의 저작은 본문에 인용한 것 외에 《알튀세르의 〈이데올로기〉론アルチュセールの〈イデオロギー〉論》(柳内隆 訳, 三交社, 1993)과 《철학·정치저작집哲学·政治著作集》(전2권, 市田良彦·福井和美ほか 訳, 藤原書店, 1993)을 병행해서 읽는 것이 좋다. 이마무라 히토시今村仁司의 《알튀세르의 사상アルチュセールの思想》(講談社学術文庫, 1993)과 사쿠라이 데쓰오櫻井哲夫의 《푸코—지식과 권력フーコー—知と権力》(講談社, 1996)도 푸코와 알튀세르와의 관계를 언급하고 있다.

　　제2부 2장에 대해서는 다음과 같다. 그람시 이후의 마르크스주의적인 권력론의 전개에 대해서는 무엇보다도 먼저 제4장에서 거론했던 라클라우와 무페의 《포스트·마르크스주의와 정치—근원적

민주주의를 위하여ポスト·マルクス主義と政治―根源的民主主義のために》
(松田博·黒澤惟昭·小原耕一 訳, 御茶ノ水書房, 2000)가 중요하다. 최근의 그람시 연구로는 **노르베르토 보비오ボッビオ**의 《**그람시 사상의 재검토**グラムシ思想の再檢討》(松田博·黒沢惟昭·小原耕一 訳, 御茶ノ水書房, 2000) 등이 있다. 아렌트의 권력론을 이해하기 위해서는 그녀의 사상의 문맥을 알기 위해 **가와사키 오사무**川崎修의 《**아렌트―공공성의 복권**アレント―公共性の復権》(講談社, 1998)을 참조하라. 덧붙이자면 1998년에 루크스와 면담했을 때 《**현대권력론 비판**現代権力論批判》에서 아렌트의 권력론을 언급하면서 루크스가 내걸었던 세 개의 권력관과 그것이 어떠한 관계인가를 충분히 논하지 않았던 것을 지적하고 아렌트의 권력론에 대해 현재의 시점에서 어떻게 평가하는가를 확인해보았다. 루크스는 '아렌트 같이 공동적인 것으로 권력을 파악하는 것이 옳지 않다는 평가는 여전히 변하지 않았다. 아렌트의 권력론은 그녀의 저작 중에서는 《**예루살렘의 아이히만**イェルサレムのアイヒマン》 다음의 졸작이다' 라고 대답했다. 또한 푸코에 대해서도 그것을 권력론의 문맥에서 신중하게 다룰 필요성은 여전히 모르겠다고 루크스는 말했다. 그런데 권력의 공동적인 측면에 주목하는 이론으로서는 아렌트 이외에도 시스템론적인 권력이 있지만, 이 책에서는 그러한 계보에 대해서 정면에서 다루지는 않았다. 그러한 논의는 '권력을 어떻게 말할 것인가'에 너무나 큰 관심을 기울이고 있는 것처럼 보였기 때문이다. 시스템의 복잡화가 진행된 현대 사회에서는 복잡성을 축소하는 '커뮤니케이션 미디어'

로서의 권력이 불가결하다고 말하는 **니클라스 루만**ニクラス·ルーマ
ン의 《**권력**權力》(長岡克行 訳, 勁草書房, 1986) 등을 읽었으면 한다.

제2부 3장에 대해서는, **후쿠다 아리히로**福田有広(Arihiro Fukuda)의
Sovereignty and the Sword(Oxford University Press, 1997)는 해링턴
에 관한 뛰어난 연구이지만 그 전제로서 홉스의 이론이 결국은 실
력설로 끝나버린 점에 대한 논증도 시도하고 있다. 푸코의 법과
폭력의 관계에 대해서는 이전부터 **들뢰즈**의 연구가 있다(《**푸코**フー
コ—》[宇野邦一 訳, 河出書房新社, 1987]). 데리다의 벤야민론의 문맥
을 이해하기 위해서는 **다카하시 데쓰야**高橋哲哉의 《**데리다—탈구
축**デリダ—脱構築》(講談社, 1998)이 가장 좋은 참고가 된다고 할 수
있을 것이다.

제2부 4장에 대해서 보면, 라클라우에 대한 보다 상세한 논의는
필자의 〈**보편적인 것의 헤게모니—에르네스토·라클라우의 정치
이론**普遍的なるもののヘゲモニー—エルネスト·ラクロウの政治理論〉(千葉眞
編, 《講座 政治学》第2巻, 三嶺書房, 近刊)에서 전개시킬 예정이다. 본
장에서 다룬 새로운 권력 공간을 만들어내는 자유의 영역은 만년
의 푸코가 '자유의 실천pratique으로서 자기에 대한 배려의 이론'
이라고 부른 것과 관계가 있다. 즉 우선 자신이 변하는 것으로 인
해 사회적·구조적인 것에 통풍구를 여는 태도가 요구된다. 이러
한 자유를 바라보는 입장에 대해서 칸트의 계몽론이나 하버마스
와의 관계를 논한 앞의 졸고 《**권력의 계보학**權力の系譜学》의 **제3장**
을 일독하기 바란다.

저자 후기

종래의 정치이론이 소박하게 전제해온, 주체 간 관계로서 정치를 파악하는 견해는 오늘날에는 불충분하며 주체를 형성하는 권력의 존재를 좀 더 의식할 필요가 있다. 그와 함께 권력의 제한을 지향하는 자유주의적인 논의나 강제가 없는 투명한 공동성을 꿈꾸는 공화주의적인 이론에도 유보시켜야 할 여지가 많이 있다. 권력의 소산이면서 권력을 변화시킬 수 있는 이중성을 띤 존재로서 스스로를 재정의해야 한다. 이 책에서 전개한 이러한 생각은 이미 출판했던 저작 《권력의 계보학権力の系譜学》 이래로 기회가 있으면 항상 언급해왔지만 권력론으로 정리된 형태로 내는 것은 이것이 처음이다. 그런 의미에서 적어도 필자 스스로는 머릿속을 정리하는 좋은 기회가 되었다.

다만 지면의 제한도 있어서 모든 점에 대해 결코 충분히 논했다고는 말할 수 없다. 필자 나름대로 생각하고 있는 윤곽을 끄집어내는 일에 전념했기 때문에 구체적으로 들어갈 수 없었다. 과도하게 단순화 했거나 난폭한 비판도 많을 터이지만 이해를 구하고 싶다.

이 책 저술을 위한 최초의 메모를 호세이대法政大 대학원에 설치된 사회인을 위한 정책연구 프로그램(야간)에서 읽을 수 있었다.

그 결과 모든 권력이 주권에서 유래한다고 믿는 것은 오늘날에는 일부의 연구자뿐이며, 기업이나 지자체등 구체적인 권력관계에 몸담은 경험을 가진 사람들에게는 권력이 아래로부터도 온다는 사실이 명백하다고 알고 있었기 때문에 이 점에 대해서는 장황하게 논하지 않기로 했다. 한편 공화주의적인 접근에 뒤따를 수 있는 위험성에 대해서는 그다지 의식하고 있지 않은 것 같아서 그 부분을 보강했다. (대부분은 장년인) 수강생 여러분에게 감사한다.

끝으로 시종일관 도움을 받은 편집담당 사카모토 마사모리坂本政謙 씨께 감사드린다.

2000년 5월

스기타 아쓰시

옮긴이 후기

옮긴이가 일본 리쓰메이칸대학에 근무하고 있을 때 번역 의뢰를 받았다. 팟캐스트 열풍, 서울시장 재보선과 안철수 박원순 후보의 단일화 선언 및 박원순 후보의 서울시장 당선, 그리고 이어진 2012년 총선 및 대선으로 정치에 대한 관심이 증폭되어 있던 2011년 가을쯤으로 기억된다. 한림대학교 한림과학원에서 〈사고의 프런티어〉 시리즈 번역을 한다며 옮긴이에게도 의뢰가 왔는데 여러 시리즈 중에서 〈권력〉을 선택했다. 근세 동아시아 정치외교 사상사가 전공인 터라 당시의 정치에 대한 관심과 정치학에서 설명하는 '권력' 론에 대한 호기심으로 이 책의 번역을 맡게 되었다.

이 책의 내용을 개괄하자면, 제1부에서는 일반적인 권력 이미지로서의 '주체 간 권력' 을 다각도로 비판하는 것으로 지금까지의 권력론을 개관했다. 스티븐 루크스 및 미셸 푸코의 권력관과 '의도', '책임' 이라는 것이 권력론을 파악하기 어렵게 하는 측면이 있다는 점을 이야기했다.

제2부에서는 권력 개념의 다의성을 살폈다. 신학적인 이해에 기초한 '주권' 개념과 대비시키면서 푸코의 탈중심적인 권력론을 소개했다. 권력과 폭력의 불가분성, 비대칭적 권력공간 등도 언급했

고, 이러한 권력공간의 생성을 설명하는 계약론, 공화주의, 발터 벤야민의 이론이 소개되고 권력공간을 지탱하는 개인의 동기와 이데올로기의 관계성을 설명했다.

이 책은 위에서 언급한 루크스, 푸코 등의 전통적 권력이론에 대한 내용을 충실하게 다루고 있지만 일본 국민과 천황의 전쟁책임, 공권력의 폭력 문제, 폭력·돈·언어로서의 권력, 공화주의와 외국인 차별 문제, 다국적 기업과 국가주권, 공통어와 권력, 개발지상주의와 원전문제 등 현재 우리가 마주하고 있는 여러 문제에 대해서도 거침없이 이야기를 전개하고 있다.

조금 다른 예를 든다면 최근 일본에서는 원자력발전소나 군사기지의 입지 치수공사의 찬반 등을 둘러싸고 많은 지역에서 주민투표가 이루어지고 있다. 이것은 이전까지의 정치적 방법, 나아가서는 생활양식에 대한 지역 현장으로부터의 문제제기다. 연료 생산에서 폐기물 처리에 이르는 재순환 전체의 안전성을 확립하기 이전에, 어찌됐든 전력이 더 필요하다며 계속해서 원자력발전소를 만들고 위험의 대부분을 일부 지역에 전가하는 방식. 주변국과의 교섭 안에서 다양한 수준의 '안전보장'을 추구하는 노력을 하지 않고 단지 외국의 군사시설을 존속시키면 그걸로 족하다는, 특정 지역에 부담을 전가하는 생각. 자연과의 조화로운 삶을 추구하지 않고 모든 하천을 콘크리트로 관리하려는 기술적 이성에 대한 맹신과 그것에 의존하는 거대한 이권 구조. 이러한 상황에 대해 생각지도 않은 위험에 맞닥뜨리게 되어버린 사람들, 즉 우연히 그 현장에 공교롭게 살고 있던 사람들이 어쩔 수 없이 목소리를 내게 된 것이 이러한 일들이다(108~109쪽).

글쓴이가 2000년 이 책을 통해 표명한 우려는 2011년 3월 11일 일본 동북지방 대지진과 쓰나미 발생 그리고 쓰나미로 인한 후쿠시마 원전 방사능 누출사고로 현실화되었다. 그 부작용이 이루 헤아릴 수 없을 정도인 것은 주지하는 바와 같다. 이러한 글쓴이의 우려는 비단 일본만의 문제가 아닌 일본의 안보법안 개정과 재무장 움직임, 제주도 해군기지 등 한미동맹과 중국과의 관계, 재벌 문제, 다문화 사회와 외국인 차별 문제, FTA와 다국적기업 문제, 4대강사업 및 원전 문제 등 현재 우리사회가 마주하고 있는 제 모순과 문제점을 예언이라도 하듯 짚어내고 있는 것들로, 글쓴이의 혜안과 통찰력을 엿볼 수 있으며 우리에게 시사하는 바가 크다.

짧은 후기를 맺으며 이 책의 번역과 출판의 기회를 준 한림대학교 한림과학원과 도서출판 푸른역사에 감사를 드린다. 옮긴이에게 이 책의 번역을 권유한 리쓰메이칸대학 코리아연구센터 전임 연구원 배영미 박사님께도 감사를 드린다. 그리고 번역원고 첫 교정을 맡아주신 이름 모를 한림대 선생님께 큰 감사를 드리고 싶다. 번역 작업을 하면서 힘든 점도 있었지만 옮긴이에게 크나큰 공부가 되었다. 한편으로는 글쓴이가 말하고자 하는 바가 충실히 번역이 되었는지 그리고 한국 독자들에게 잘 전달이 될 수 있을지에 대한 두려움도 크다.

이 책을 만나고 번역할 수 있게 된 기회에 감사한다. 옮긴이가 번역을 하면서 얻게 된 많은 지적 도전들을 이 책을 읽는 독자들도 받을 수 있기를 바라며 감히 일독을 권하고 싶다.

찾아보기

【ㄱ】

가와사키 오사무 127

《감시와 처벌》 20, 45, 51, 55

결정회피권력 12

경제결정론 53, 56~58, 67, 71

계급의식 14

계몽 18, 99

공민적 휴머니즘 81

공산사회주의자 82

공화주의(자) 21, 71, 79, 81~85, 88, 93, 101, 102, 129, 130

교조주의 117

구성적 외부 119, 120

구조적 폭력 72

국가이데올로기 장치 68

국가주권 43, 107

국민의 역사 95

국민주의(내셔널리즘) 84, 85, 93, 95

국민화 권력 21, 22

군주주권 37

《권력》 128

《권력의 계보학》 126, 128, 129

〈권력의 제형태와 권력이론〉 125

권력주체 15~17, 30, 39~41, 47, 48, 81

권력중심 17, 37, 39, 40, 54

귀족반동 38

규율권력 19, 45, 47, 50, 51, 55, 56

규율권력론 56, 104

《그람시 사상의 재검토》 127

그람시, 안토니오 58, 67, 68, 74, 115, 126, 127

기독교 29, 51, 52, 94

기독교 신학 28, 113

【ㄴ】

노동하는 동물 52, 70

노모스nomos(질서) 16, 65, 77~80, 85, 87~91, 93, 100~102

【ㄷ】

다문화주의 111, 114, 115

다원성 114

다원주의 17, 37~39, 42

다원주의자 11, 12, 17
다원화 17, 38
다카하시 데쓰야 125, 128
달, 로버트 A. 10~12, 14, 17, 24, 124
덕virtue 84
데리다, 자크 90, 91, 128
《데리다—탈구축》 128
드 메스트르, 조제프 16
들뢰즈, 질 128
등가교환 63
등가성 115, 121

【ㄹ】
라클라우, 에르네스토 67, 68, 111~
　117, 119~121, 126, 128
래스키, 해럴드 38
롤스, 존 78, 81
루만, 니클라스 128
루소, 장 자크 20, 37
루크스, 스티븐 10~15, 72, 106, 124,
　127

【ㅁ】
마르크스, 카를 57
마르크스주의(자) 11, 12, 14, 15, 22, 42,
　43, 53, 57, 58, 63, 64, 66~68, 73,
　103, 111, 113, 115, 117, 121, 126

마키아벨리, 니콜로 88
만방무비 96
몽테스키외, 샤를 17
무페, 샹탈 111, 119, 120, 126
《미셸 푸코 1926-1984》 125, 126

【ㅂ】
바라츠, 모튼 12
바크라크, 피터 12
발언 효과 40
벌린, 이사야 98~100
법유지적 폭력 88, 91, 92, 96
법조정적 폭력 87, 88, 91
베버, 막스 124
벤담, 제레미 46
벤야민, 발터 87~92, 128
보댕, 장 15
보비오, 노르베르토 127
〈보편적인 것의 헤게모니〉 128
복수성複數性 63
부등가교환 63
분절화 68, 116

【ㅅ】
사쿠라이 데쓰오 126
사회상태 22, 113
사회적 적대성 111

삼차원적 권력 14
상대주의 82, 110, 111, 117
상부구조 58, 67
생-권력(론) 51, 53, 56, 104
생-정치(학) 51
《성의 역사》 43, 51
소극적 자유 98~101
소렐, 조르주 89
소쉬르, 페르디낭 115
소키에타스 70
슈미트, 칼 16, 38, 70, 71, 80, 90, 120
시니피앙signifiant 115, 116, 118, 119
시니피에signifié 115
신국일본 96
신적 폭력 89~91
신화적 폭력(론) 88~90

【ㅇ】
아도르노, 테오도르 104
아렌트, 한나 52, 65, 69~72, 74, 75,
   82, 91, 92, 124, 127
《아렌트─공공성의 복권》 127
아이덴티티 32, 68, 93, 99, 114, 115, 125
《아이덴티티/차이》 125
아파르트헤이트Apartheid 114
안전 47, 89, 93, 121, 126
안전보장 109

안전성 27, 109
알튀세르, 루이 57, 58, 67, 68, 106, 126
《알튀세르의 〈이데올로기〉론》 126
《알튀세르의 사상》 126
《앎의 의지》 43, 45, 102, 105
양자 간 관계(론) 14, 23, 24, 28, 43,
   47, 60, 62, 64, 68, 72, 98, 99, 101
양화陽畵 19
《에만시페이션(즈)》 111
에토스 21
오가와 코이치 124
오사와 마사치 125
외형 변형 84, 102
유대교 52
유대인 91, 94, 95, 97
음화陰畵 19
의도 11~14, 22~26, 28, 29, 33, 42,
   45, 50, 54, 55, 61, 62, 65, 77, 87,
   99~101, 105, 107
이데올로기 15, 41, 67, 93~97, 115~117
이데올로기 장치 58
이데올로기적 환상 118, 119
이마무라 히토시 126
이차원적(인) 권력(관) 12, 13
인공적인 신 18
인민주권 20, 22, 23, 37, 38, 49, 81
인민주권론 20, 81

일반의지 20, 21, 37

일원화 17, 37

일차원적(인) 권력관 11, 13

입헌주의 38

【ㅈ】

자연상태 18, 22, 29, 76, 78, 89, 102

자유에의 강제 100

자유주의 18, 37, 38, 40, 42, 54, 82,
  106, 114, 129

자유주의자 17, 37~42, 54, 63, 82

자유주의적 권력론 124

자주헌법 86

적극적 자유 98~101

전쟁책임 30~32

《전쟁책임론》 125

전체성 97

전후계몽 96

절대주의 15, 82

《정치권력과 권위》 124

《정치신학》 16, 90

정치적 다원주의 38

정치적 무관심 110

《정치적인 것의 귀환》 119, 120

주권 15~17, 20, 36, 38~40, 49, 53~
  55, 67, 77, 79, 85, 89, 90, 109, 130

주권국가 40, 41, 106, 107, 125

주권론 15~18, 36, 37, 39, 86, 125

주권자 5, 16, 20, 21, 36, 39, 49, 77,
  78, 81

주브넬, 베르트랑 17, 124

주체 11, 13~18, 20~24, 26, 28~30,
  32, 33, 36, 37, 39, 45, 48~50,
  56,57, 62, 63,65, 68, 71, 76~79,
  82, 84, 92, 96, 99~101, 103~107,
  110, 111, 113, 115, 117, 125

주체 간 관계로서의 권력(관) 10, 13,
  60

주체 간 권력(론) 23, 39, 47, 92

주체성 18

주체화(주체 형성) 21, 68, 78, 93, 105,
  117~119

주체화(주체 형성) 권력 21~23, 71, 79,
  82, 100, 101, 104, 107, 108, 125,
  129

지젝, 슬라보예 94~97

진지전 67, 68, 74

【ㅊ】

〈책임론〉 125

【ㅋ】

카르마 29

카오스chaos(무질서) 87, 93, 102

코놀리, 윌리엄 125

【ㅌ】
토크빌, 알렉시스 17
특수주의 114, 117

【ㅍ】
파도타기 27
판옵티콘 46~48, 50
페티시즘 86
《포스트·마르크스주의와 정치》 126
포콕, 존 81
폭력 5, 6, 33, 36, 38, 41, 60~63, 65~
　72, 74, 78, 80, 82, 85, 87~92, 118,
　128
폭력성 63, 75, 80, 88, 90, 121
폭력장치 42, 73, 78
《폭력론》 89
《폭력비판론》 87
푸코, 미셸 18~21, 40, 43~46, 48~59,
　88, 91, 102~106, 108, 110, 117,
　125~128
《푸코의 〈전체적인 것과 개인적인 것〉》
　126
《푸코―지식과 권력》 126
프랑스혁명 18, 20, 49, 100
프랑크푸르트학파 104

【ㅎ】
하버마스, 위르겐 65, 71, 103, 104,
　124, 128
하부구조 67
하이에크, 프리드리히 64, 101
해링턴, 제임스 81, 128
해방 45, 53, 67, 90, 91, 94, 99, 100,
　103, 104, 110~114, 116, 121, 122
해방론 104, 112, 113, 117
행동주의 11, 13
허위의식 15, 67, 117
허위의식론 14, 15
헌법제정 권력(구성적 권력) 85
헤게모니 67, 115~117, 120, 121
《헤게모니와 사회주의 전략》 10, 127
《현대권력론 비판》 10, 127
《현대권력론의 구도》 124
《현대정치분석》 124
호르크하이머, 막스 104
호시노 사토시 124
홉스, 토마스 18, 22, 76~82, 89, 93, 94,
　99, 100, 128
홉스주의자 42, 77
회색지대 24
후쿠다 아리히로 128
후쿠다 칸이치 125
훈육 55

사고의 프런티어 3 — 권력

⊙ 2015년 8월 25일 초판 1쇄 인쇄
⊙ 2015년 8월 31일 초판 1쇄 발행
⊙ 글쓴이   스기타 아쓰시
⊙ 기획   한림대학교 한림과학원
⊙ 옮긴이   이호윤
⊙ 발행인   박혜숙
⊙ 책임편집   정호영
⊙ 영업·제작   변재원
⊙ 펴낸곳 도서출판 푸른역사
   우 03044 서울시 종로구 자하문로8길 13
   전화: 02)720-8921(편집부) 02)720-8920(영업부)
   팩스: 02)720-9887
   전자우편: 2013history@naver.com
   등록: 1997년 2월 14일 제13-483호
ⓒ 한림대학교 한림과학원, 2015

ISBN   979-11-5612-059-9 94900
세트   979-11-5612-056-8 94900